致青春期男孩

心理篇

子　晨 / 编著

北京理工大学出版社
BEIJING INSTITUTE OF TECHNOLOGY PRESS

图书在版编目（CIP）数据

致青春期男孩. 心理篇 / 子晨编著. —北京：北京理工大学出版社，2016. 6（2019.4重印）
ISBN 978 - 7 - 5682 - 2021 - 7
Ⅰ. ①致…　Ⅱ. ①子…　Ⅲ. ①男性 - 青春期 - 心理健康 - 健康教育　Ⅳ. ①G479

中国版本图书馆CIP数据核字（2016）第053903号

出版发行 / 北京理工大学出版社有限责任公司
社　　址 / 北京市海淀区中关村南大街5号
邮　　编 / 100081
电　　话 /（010）68914775（总编室）
　　　　　（010）82562903（教材售后服务热线）
　　　　　（010）68948351（其他图书服务热线）
网　　址 / http: //www. bitpress. com. cn
经　　销 / 全国各地新华书店
印　　刷 / 三河市华骏印务包装有限公司
开　　本 / 710毫米 × 1000毫米　1 / 16
印　　张 / 16
字　　数 / 175千字
版　　次 / 2016年6月第1版　2019年4月第9次印刷
定　　价 / 32.00元

责任编辑 / 杨海莲
文案编辑 / 杨海莲
责任校对 / 周瑞红
责任印制 / 马振武

目　录
Contents

第一章　无人倾诉的烦恼

第二章 我就是我，做最好的自己

第三章 学习，多大点事儿

致青春期男孩：心理篇

第四章 关于交朋友的一些事儿

第五章 青春拒绝阴霾

第六章 安抚常常不安的情绪

第七章 我能处理好有关女孩的问题

第八章 叛逆不是我的错

第九章 网络好还是坏，关键在于你自己

第一章 无人倾诉的烦恼

我最近心情总是不好，有时候会莫名其妙地发脾气，看什么都不顺眼，还会觉得爸爸妈妈总对我指手画脚，简直要烦死了。但我是个小男子汉，既不能像女孩那样哭哭啼啼，也不能跟哥们儿诉苦，我的这些烦恼要跟谁倾诉呢？

成绩好了，朋友少了

我入学时成绩一般，但我凭借刻苦努力，成绩逐渐上升到班里的前几名，成了班里的尖子生。可是我的同学关系，却随着成绩的上升而变得越来越糟，除了希希和晨晨，我和其他同学的关系都不太好。

我不知道这是为什么，起初觉得可能是因为自己平常太努力了，没有时间和大家在一起玩，所以才有些疏远。可是每次主动跟别人打招呼时，别人都不太热情，甚至还有人酸溜溜地说："唉，人家是尖子生，老师眼里的红人，咱们高攀不上。"这让我很苦恼。

悄悄说给男孩听：

进入青春期的男孩子们在个性上会表现出更多的差异性，但是学习仍是他们的重中之重，面对升学的压力，很多老师和家长，还是非常在乎孩子的学习成绩的。因此，学习成绩就成为处于青春期的小男子汉们相互较量的重要方面。有较量就有差别，就有高低之分，这样一来，那些成绩太好的学生就会被嫉妒。这是正常的现象，特别是男孩子间争强好胜的心理更明显，成绩优秀的男孩子被人嫉妒是很正常的。

青春期的男孩子喜欢与他人比较，特别是在学习上，一旦不如别人，就会产生一种羡慕、崇拜、想奋力追赶的心理，这是有上进心的表现。成绩特别好的男孩子，自己成了别人追赶的对象，对于这种同学间的比较应该感到自豪。但是，也有些男孩子，由于过于在乎比较的结果，嫉妒心理就会明显地表现出来。

黑格尔曾经说过："有嫉妒心理的人，自己不能完成伟大的事业，就尽量低估他人的强大，通过贬低他人而使自己与之相齐。"

这样的嫉妒心理会对嫉妒者产生消极的影响。但是对于成绩好的男孩子来说，却是无须放在心上的，如果有可能，就去帮助那些成绩差的学生提高学习成绩，但是不能因为怕被别人嫉妒，自己就放慢学习的脚步。

成绩特别好的男孩子也要认识到，只有坚持不懈地努力，才会成为最后的成功者。懈怠会夺去暂时的优秀，为了明天成为一个成功者，今天就要努力不止、奋斗不息。要知道，当别人嫉妒你时，说明你还没有超过他太多，当你把嫉妒者远远甩在身后时，他们就只会羡慕你、崇拜你！

听到同学在背后说我的坏话

我和晨晨在操场上踢球，一不小心把跟我们一起踢球的另外一个小伙伴绊倒了。天地良心，我真不是故意的啊！可是那个小伙伴很生气，非说我是故意绊倒他的，我们俩为此争执起来，最后还是路过的体育老师把我们拉开的。

我以为事情就这样过去了，可是后来在操场上，没人跟我踢球了，我去找原来的朋友踢球，他们也都找借口离开。正在我纳闷他们为什么这么对我的时候，突然听到两个人在操场边小声嘀咕着，我悄悄走到他们身后，才听到他们说的是我。他们说我输不起，当快输的时候故意绊倒对手。听到他们的话我很生气，事情明明不是这样的，他们怎么能这么说我呢？

悄悄说给男孩听：

青春期的男孩会很在意别人对自己的看法，听到别人在背后说自己的坏话，肯定会很受伤。俗话说："好话不背人，背人没好话。"如果有同学在背后议论你，你首先要做的是反省自己，如果确定自己确实没有错的话，大可不必为此劳心费神，更不必大动干戈，凡事只要正大光明就好。

以下是一些建议，相信会对被人在背后说坏话的男孩子有所帮助。

1. 敬而远之，泰然处之

如果你觉得从来没有招惹他们，自己也问心无愧的话，那就是他人的问题了。其实，在生活中的确有这种人，他们喜欢讥笑别人，以此求得自己的欢乐，这种人不值得交往，对他们敬而远之就好。他们有议论的自由，我们也有不听的自由，对于他们背后说的坏话，大可不必斤斤计较或是费心去打听。他们在背后议论是非，有损的是他们的形象，与我们无关。

要知道，没有一个人是可以通过贬低别人而抬高自己的，你只要泰然处之、安心学习，对这样的人不去理会，时间长了，他们自己就会觉得没趣，而你呢，却丝毫不受影响。更重要的是，同学们都看在眼里，记在心上，说不定到那时你的威望还会提高呢。

2. **当面沟通，以求心理平衡**

如果你自己觉得有被人议论的话题，或是得罪了某个人，就应该主动和他们去沟通，诚心诚意地去了解他们的看法，有话当面说，隔阂一定可以消除，除非他们进行人身攻击、有意中伤，甚至触犯了法律，那就需另当别论了。如果是你自己有做得不周到的地方，那就需要先把自己的缺点改掉，他们就没有在背后议论你的素材了。总之，自己要把握好的是：别先看别人做得对不对，先要看自己做得对不对。

3. **保持一点洒脱和达观**

一个巴掌拍不响，只要你不去拍另一个巴掌、洒脱一点，矛盾就不会被激化。生活中惹人厌烦的事很多，重要的是如何去面对它们，最好的方法是在清醒中寻找快乐，去解除无可奈何的烦恼。我们既不求能糊里糊涂地浪费时光，也不必对一切事物都过分认真苛求，最好的态度是在认真严肃的一面之外，还要有洒脱达观的另一面。一个肯向上的人，有崇高理想的人，是不会把时间浪费在这些鸡毛蒜皮的小事上的。对别人的非议，宁肯不屑一顾，也绝不肯轻易浪费自己宝贵的时间和精力去斤斤计较，这才是真正的聪明之举。“走自己的路，让别人说去吧！”这句话，你一定听说过吧。

学习不好，被人歧视

数学一直是我的短板，别的科目我都能应付，唯独数学，让我不知道怎么办。有时候数学成绩考得好一些，就有同学在我旁边说风凉话，“数学这次不是你短板，都是长板了，厉害啊！”“呀，数学都能考这么好，你简直无所不能啊！”……

这些话从同学们嘴里说出来，我听着怎么都不是好话，这分明是他们在拿我打趣。

不仅同学，就连数学老师也是如此，不知道是故意的还是无心的，他曾说过：“这次考试成绩不错啊，要保持下去，不能昙花一现啊。”

如果同学们是嘲笑，那数学老师这话就是赤裸裸的歧视了。明明取得了好成绩，却仍然搞得我非常郁闷。

悄悄说给男孩听：

青春期的男孩子是非常敏感的，会很在意周围人对自己的看法。而在学习成绩还是衡量学生的重要标尺时，成绩不好的男孩子，就会产生自卑的心理，认为大家在歧视他。这种心理是很正常的，但是，歧视存在与否是值得商榷的。

那为什么会产生这种心理呢？一个很重要的原因就是青春期的自卑感。进入青春期以后，男孩子就更关心自我存在感，关心别人是否注意到了自己，希望别人对自己刮目相看。在学校，学习成绩的好坏在很大程度上决定着能否被人注视，有的学校还会把成绩贴在教室里面，以促进学生学习，但是，这让成绩不好的学生感到非常苦恼。

有自卑心理的青少年又会更为敏感，他们的自尊心很容易受到伤害、自信心也会不足，就会给自己标上“差生”的称号，进而无法心平气和地去学习。所以，这种自卑感更确切地说是信心不足。

但是，学习成绩是恒久不变的吗？成绩的好坏和个人的努力有关，要知道，只要足够努力就可以改变现状，所以，“差生”不会是一个摘不掉的帽子。差生应该付出更多的努力，而不能自甘沦为差生，这样才能找回自信心。

此外，要知道，社会对人才的需要不是单靠成绩来衡量的，随着社会的多元化，也需要多方面的人才，升学也并不是唯一的出路。只要能实现自己的价值，为社会尽自己的一份力量，就是有意义的人生。

所以，不要以差生自居，不也要揣测别人怎么看自己，要改变现状，成为优秀者，努力学习文化知识。但是，实现人生理想的路有很多条，学习成绩不是衡量人的唯一标准，德行和能力才是最重要的。

被同学嘲笑

今天教室的气氛有点怪。我一到教室，就看见天天一个人在哭，到底发生了什么事情呢？

我小声问晨晨到底发生了什么。晨晨说，这次考试天天又没考好，成绩还是最差的，然后班里几个喜欢搞恶作剧的孩子在天天的背上贴上了“我又是第一”的纸条，同学们看到以后哄堂大笑。天天开始还跟大家一起呵呵傻笑，后来才知道大家是在笑他。

天天学习不好本来就老被爸爸妈妈骂，这次没考好他已经很难过了，可是同学们还这样嘲笑他，他就忍不住哭了。

看着天天伤心的样子，我真替他担心，害怕他以后对学习更抵触了。我想帮助他，可是，我不知道应该怎么帮。

悄悄说给男孩听：

其实每个人都有优点和缺点，像班上的那些同学都这样（贴纸条、嘲笑）对待天天，可是天天却没有反击，而是宽容地对待大家，这本来就是很难得的优点。天天哭是觉得自己的成绩差，又受到别人的嘲笑，所以就很伤心，其实大可不必这样。

一个人，最重要的首先是自己不能看不起自己，更不能自卑，要先找到自己的优点，还有就是要正确对待自己的缺点。成绩对于学生来说固然重要，但成绩并不能说明一切，比如说一个人的品德、能力、素质等，这些怎么能是单凭成绩就可以衡量的呢？像班上那些喜欢搞恶作剧的同学，成绩即便非常好好，但是能说他们是品德高尚的人吗？他们将来会成为对社会有用的人吗？

青春期的男孩自尊心很强，当周围的人都比自己强的时候，可能会感受到压力，觉得别人怎么都这样厉害，觉得自己很孤独，好像是被抛弃了。其实大可不必这样想，因为每个人都有无限的潜力，只要通过自己的努力，成绩一定会有所提高。曾经有一个女同学，起初她的学习成绩特别不好，但她的上进心很强，放弃了很多玩耍的时间，每天在家里暗自努力，最后考上了重点学校。所以，如果学习成绩不好，首先要对自己有信心，其次要付出努力，这样才会使人对你刮目相看。

还有就是，人生中遇到什么样的挫折都是有可能的，当遇到困难的时候，如果用逃避来解决问题，这一定是最愚蠢的做法，最重要的是不可以自暴自弃，也不要轻易否定自己。像那些嘲笑晨晨的同学，他们素质真的是特别低，又爱嘲笑人又爱欺负人，这样的人也不值得做朋友。所以奉劝晨晨，不要因为他们而对生活失去信心，周围还是有很多人关心我们的。

嘲笑别人是不对的，每个人都有义务尊重别人，所以，不要跟其他同学一起去嘲笑别人。

不小心顶撞了老师

体育老师又让跑1 000米，可是我昨天晚上有点拉肚子，今天早晨起来浑身没劲，跑起步来一点力气都没有。渐渐地，我和同学们的差距越来越大了。

“最后那名同学，这是跑步不是漫游，加快速度。”体育老师的大嗓门穿过整个操场传到了我的耳朵里。全班同学都回头看我，我觉得好没面子，赶紧加快速度。

尽管我真的很努力地跑了，可是成绩还是很差。

“这个同学，跑步也是一门必修功课，你这么不认真，成绩怎么提高？”

“老师，我很努力地跑了，可是我身体不舒服，所以才会跑得这么慢。”

“你真的很努力地跑了吗？我怎么没看出来？我觉得你这完全是在散步！”

“老师，我没有，我真的是身体不舒服。要是你身体这样不舒服也跑不了很快的。”我一着急就说出了顶撞老师的话。

体育老师很生气，当着全班同学的面开始批评我：“你觉得你只有今天表现不好吗？你平时哪次跑步成绩好过？每次你都有理由，能不能换些新鲜的理由……”

我今天确实身体不舒服，以前上体育课也没像老师说的那样喜欢偷懒，老师在全班同学面前这样说我，我感到很委屈，也很失落。

悄悄说给男孩听：

如果在学校里与老师和同学的关系处理不好，会直接影响你的学习和生活，发展下去还会影响身心健康。

谁都会犯错误。老师也是人，是有感情的，当然更喜欢与其相处和谐的人，不喜欢同自己闹别扭的人，即使是自己的学生，也不例外。

如果想在学校中处理好与老师的关系，你需要考虑以下几个方面：

1. 学生要懂得尊敬老师

师生关系是教育与被教育的关系。老师是教育者，又是长者，阅历丰富，学有所成；而学生则是被教育者，年龄小、阅历浅，许多事情不懂不会。虽然我们常说，老师学生是平等的、无高下之分，但这主要是指在人格方面。在学识、职位和年龄方面，老师就是老师，学生就是学生。我国历来都有尊师的优良传统，如“一日为师，终身为父”“师徒如父子”等。把师生关系说成是父子关系，就是说学生要像是尊敬自己的父亲那样尊敬自己的老师。你想，如果在学生的眼中，老师一点尊严都没有，他能教育好自己的学生吗？反过来说，做学生的要向老师学习知识，然而却不虚心，甚至完全不把老师放在眼里，那学生又能学到什么呢？所以，作为学生一定要对自己的老师有恭敬之心，这样才能虚心受教。

2. 要了解你的老师

人们常说“千人千脾气”，老师也不例外，也有自己的生活习惯、工作习惯、业余爱好、待人方法、喜怒哀乐。了解了老师的这些特点，你才有可能准确地把握老师对你的态度、意见或看法，不至于让老师对你产生误解，甚至费力不讨好。有的老师很严厉，批评起学生来如疾风骤雨，但过后就云开见月明，对于这种老师的批评，就不要太介意，做错了只要改便是，没有必要搞得自己心情沉重；而有的老师批评人很含蓄，语言委婉，甚至寓批评于故事之中，这并不说明他对你意见不大。有的老师性格豪爽，不拘小节，那你只要大事不糊涂就好了；有的老师管理细致，你就要一丝不苟，认真仔细。总之，对待老师要因人而异。

3. 要善待老师的缺点

老师并不是圣人，也不是完人，老师也一定有自己的缺点，对此要有分析地区别对待。如果老师的缺点与工作无关，就没有必要去管它；如果有碍工作的话，则可以适当提醒。体育老师之所以误认为你跑步不认真，一方面是工作不细心，没有察觉到你身体欠佳；另一方面是有可能与你以往有偷懒、懈怠的缺点有关。何况你的态度强硬，使老师下不来台，难免会把关系弄僵。

4. 要以诚对待

作为学生，应该真心实意地尊敬老师，对老师讲实话，维护老师的威信，这样老师才能做出正确的决策。有时对老师进行一些适当的赞扬，会使他增加信心，有利于班级工作，这与为谋私利的阿谀奉迎不是一回事儿。

所有的老师都希望自己的学生能早日成才，即使是最严厉的老师也有一颗善良的心，天下没有一个老师不希望自己的学生能够取得好的成绩。因此，当与老师相处不快的时候，要学会“换位思考”：假若我是老师我会怎样？如果能这样想，那么一切不快都会烟消云散。师生感情是世界上最纯洁的感情，而且，如果你能够结识并深交一位品德高尚、学识渊博的老师，将对你的一生大有裨益。尊重老师，就是尊重知识，也是尊重你的未来。建议你主动与体育老师谈心，承认顶撞老师是不对的，请求老师的谅解，并说明真相，以消除误会，把心上的石头放下来。这样，你就会放下思想包袱，满怀信心地去迎接明天的太阳。

太在意别人怎么看自己

致青春期男孩：心理篇

期末到了，老师让我们进行“批评和自我批评”，我最害怕的就是这个了，可是，老师的话拗不过，只能遵从了。

老师最后把每个人的缺点都总结好，然后发给了每个人。

昊昊的缺点：学习成绩不稳定，忽高忽低；对同学不够一视同仁；不能积极主动热情地帮助同学；有时打扫卫生不认真。

看着这张纸条，我突然变得很沮丧。我哪里有纸条上说的那样啊？

回到家，我依然高兴不起来。妈妈见我失落的样子，问出了实情，她知道了以后并没有不高兴，反而对我说：

“昊昊，如果你觉得别人对你的评价是对的，就应该虚心接受，即便觉得他们说得不对，也要好好反思自己，是什么原因让别人对自己有这种印象。这样想的话才不会辜负同学们给你提的这些意见，对吗？”

“嗯。可是，妈妈，我真没觉得自己有那么差劲啊。”

“缺点人人都会有，不要因为别人的评价而丧失了对自己的信心，那损失就大了。”妈妈笑着对我说，“昊昊，咱们先去吃饭，吃完饭再探讨这个问题。”

听妈妈这么说，我只好很不情愿地和妈妈一起去了餐厅。

悄悄说给男孩听：

生活中，一个缺乏自信的人，就如同一根受了潮的火柴，是不可能擦出希望的火光的。在生活中，才能并不出众、表现平平、安分守己的人占大多数，但平凡不等于平庸，连古人都说“天生我材必有用”，难道我们就那么在乎别人的眼光，只能坐以待毙地等待别人的评价吗？

无论一个人多么聪明，多么有才华，如果他对自己的聪明才智不能给予肯定，没有一点自信，那么他实际上什么都没有，只不过是一个摆设而已。

任何一个成功的人都对自己的能力、实力有一个准确的定位，他会对自己所具备的能力信心十足，也有足够的能力去说服自己、认可自己。

天底下最难的事莫过于驾驭自己，这绝对是个很大的挑战，怎么才能不虚度一生呢？怎样才能知道自己选择的目标是否恰当呢？与其让双亲、老师、朋友或有关专家为我们制定长远规划，还不如自己来了解一下自己擅长做什么。

明确了目标后，行动不可能是一帆风顺的，但是我们要学会适应，就是把困难作为正常的东西加以接受。生活中的挫折和失败，如果把它们作为正常的反馈来看待，它们就会帮助我们增强免疫力，防御那些有害的、具有负面影响的反应。

其实，驾驭自己最重要的是有勇气、有自信改变自己的命运。

种瓜得瓜，种豆得豆。我们所得的报酬取决于我们所做的贡献。你有可能荣获赞誉，也可能蒙受耻辱。有责任心的人们关注的是那些束缚自己的枷锁，以便能在关键时刻，宣告自己的独立。

从现在开始，把自己的命运掌控在自己的手中吧，做自己的主宰，用自己的奋斗营造自己的未来，这将是人生中最有意义、最有价值的事情。

处于青春期的你，对于别人的评价，要听，但是不要特别在意。

被批评以后想不开

“希希，能不能借用下你的作业……”

我因为前一天晚上玩游戏，忘了写作业，可是一会儿老师还要来检查。于是，我跟希希要他的作业，想拿过来抄一下。

“不可以，昊昊，我这次要是让你抄了，下次你还会犯错误，所以我不能给你。”希希说得很坚决，我没搭理他，转身又去找晨晨。晨晨很爽快地就借给我了，原本需要做两个小时的算术题我十分钟就都解决了。看着写好的作业，我长长地出了口气。

“昊昊，你这是自甘堕落。这次你抄袭成功，下次还会怀着侥幸心理不做作业，次数多了就很容易懈怠了。”希希认真地对我说。

他不帮忙也就算了，还说风凉话，我就板着脸沉默以示不满，后来希希主动来跟我说话我也没理。

悄悄说给男孩听：

俗话说，“良药苦口利于病，忠言逆耳利于行。”意思就是说，一味特别苦的药往往是最好的药，味道越苦的药越是有利于治病；忠诚的话往往会不好听，但是却有利于修正自己不好的行为。别人的批评就是苦口的良药，我们千万不要不以为然，而要虚心接受。如何对待别人的批评不仅可以体现出一个人的胸怀，而且可以检验出一个人的处世原则及其综合素养。

一般而言，我们在对待别人的批评时会抱有三种态度：

第一种态度是抵触。这种抵触有的表现在思想上，有的表现在行动中。例如，有的人在面对别人的批评的时候看起来乖巧温顺、一言不发，其实他的内心可能很不服气，这种是表现在思想上的抵触，相对来讲不容易察觉。

第二种态度是听之任之。无论你是表扬也好、批评也好，总之都与我无关，我高兴的时候就装装样子，不高兴的时候就把一切都抛到九霄云外。你说你的，我做我的，你走你的阳关道，我走我的独木桥。这样的态度对自己的危害不小，如果不端正这种态度，将很难有所作为。

第三种态度是把所有的批评都牢牢记在心里，并且心存感激，发奋学习，虚心待人，积极进取。如果能一直持有这种态度，将来一定会大有作为。鲁迅先生小时候有一次因为给父亲抓药而上学迟到了，受到了私塾先生的严厉批评，本来他有充分的理由为自己辩护，但是他却没有，只是默默地走到书桌旁，在桌角上刻下一个“早”字，并在心中种下一个坚定的信念。从此以后，鲁迅先生事事早成，终于成为著名文学家。

不知道你是否思考过，在批评面前，我们到底是属于哪一类人？我们应该如何正确地对待来自外界的各种批评呢？

苏联著名的平民教育家苏霍姆林斯基曾经在他的著作《怎样培养真正的人》中说过：“要学会感激人。当听到夸奖之后，要感谢人家，同时又要为你朝着人生的完美方向前进而高兴；当听到指责之后，也要感谢人家，因为他们在教你像人那样去生活。如果一个人只喜欢听言不由衷的赞扬，而听不进别人中肯的批评，那么这个人终将一事无成。相反，如果一个人在听得进表扬的同时，又能非常愉快地接纳别人的批评，我敢肯定这种人必定有着和别人不一样的胸怀和涵养，这种人日后必定会成就一番大事业。”很显然，苏霍姆林斯基对待批评的态度很值得我们效仿。

太想赢，却输了

每次考试，我都会很焦虑，睡不好，吃不香。又快要考试了，我看着一大摞学习资料，不知道该从哪里开始着手复习。妈妈端了杯热牛奶给我，问道：

“考试，焦虑要面对，坦然也要面对，为什么要这么焦虑呢？”

“妈妈，我好担心考试成绩不理想，担心分数太低，担心名次太靠后。”

“这些其实很简单，简单地说，就是你害怕输。”妈妈很直接地把我的问题指了出来，我立刻脸红起来。

“妈妈，你不要这么直接好不好？这也太不给人面子了。”我咬着嘴唇有点生气地对妈妈说。

“昊昊，这个问题揭开了，你才能勇敢面对，才能解决它啊。你怕这怕那，考虑那么多，不就是怕输吗？可是输赢真的那么重要吗？如果输了就完了吗？输是不是能给我们反思的机会呢？”妈妈语重心长地教育我。

悄悄说给男孩听：

孙子曰：“昔之善战者，先为不可胜，以待敌之可胜。不可胜在己，可胜在敌。”这说的是从前会打仗的人，先要造成不会被敌人打败的条件，再等待可以战胜敌人的机会。

孙子的话揭示了这样一个道理：不会被敌人战胜，主动权握在自己手中；能不能战胜敌人，却在于敌人。纵观古代的许多战例，大凡军队出征之前，定当部署守土之兵；军队行进之时，必先安排断后之将；两军交战之后，均须防备对方晚上劫营。照此做法，两军对垒之时，有可胜之机则战而胜之，无取胜之便也不会被敌人有机可乘而致落败。

人生也是这个道理，你若想在政界脱颖而出，必须言不逾矩，行不忤法，否则就会授人以柄，前功尽弃，到时候纵有高才奇志也是枉然；你若想在商界崭露头角，便不能过度负债或违法经营，否则就会在商战之中落马，或在法纪面前翻车；即使做个靠工资度日、凭手艺谋生的百姓，也要洁身自好，不给人以可乘之机，以免惹下麻烦。在学习上更是如此，如果你想遥遥领先，就必须善于掌握学习方法，不断地学习进取，以免被人迎头赶上。

“先为不败后求胜”不仅是兵家保存自己、夺取胜利的谋略，同时也对人们求生存、图发展有着很好的指导意义。如果你想在学业上一帆风顺，便应经常寻找自己学习上容易出现失误的地方，并预加防范或及时补救，这样才能确保理想的实现。

但如果在经过一番辛勤的努力之后，成功仍然无望，此时你就该进行深刻的分析，看看是因为主观原因的影响还是受客观条件的制约，并采取相应的对策摆脱困境。

“对症下药”“另闯新路”，这是面对败局两种截然不同的思维方式，前者立足于解决战术上的问题，后者着眼于纠正战略上的错误。面对败局究竟应选择哪条路，这就全靠你的分析与判断了。

想和失败过过招吗？那就必须认清失败，然后积极地寻找出路，不妨按照以下三个步骤进行：

1. 超前思考，变不利为有利

大凡人们办事，一般都会碰到一些有利条件，也会遇见一些不利因素。此时，当事人便应超前思考，力争将不利因素转化为有利条件，为自己增添胜算。

例如《三国演义》里，诸葛亮与周瑜想火攻曹操水军，但冬季只有西北风而无东南风，深知天文知识的诸葛亮正是利用这一点麻痹曹操，他算定甲子日开始将刮三天东南大风。届时依计而行，结果火凭风势，风助火威，孙刘联军的一把大火便大破曹军于赤壁。

2. 稳步推进，积小胜为大胜

办事应循序渐进，不可急于求成，只有稳步推进，积小胜为大胜，成功才能有一个坚实的基础，才能避免倾覆之危险。

在曹、孙、刘三支力量的对比中，刘备虽处于劣势，但刘备在诸葛亮的辅佐下，先取荆州以为事业的起点，后取益州作为事业的根本，进而西攻孟获等蛮荒之众，北掠陇西等战略要地，终于实力大增，在后来魏、蜀、吴三国鼎立之中，成为一支举足轻重的力量。

3. 精彩结尾，将理想变现实

千里行船，离码头虽仅一箭之遥，仍不算到达目的地；万言雄文，在结尾若有一句冗词，也称不上精彩文章。办事也是如此，如果前紧后松，草草收场，很可能胜券在握之事竟流于失败。我们办事必须像飞行员远航归来一样，只有完成最后一个制动动作，将飞机安然停在停机坪的预定位置上，才能算是完成一个精彩的起落。人们只有精神饱满、严肃认真地使事情精彩结尾，才算是真正将理想变为现实。

失败没什么，要正确、积极地看待失败，大方勇敢地与之过招。

青春期，这样释放压力

最近我发现晨晨的状态不太对，他像是有烦心事，脾气挺暴躁，与同学常常发生口角，这与之前一直是“开心果”的形象可是大相径庭。又过了一段时间，我甚至发现，他上课完全集中不了注意力，满脸焦虑，就连读课文也读不顺畅了，作业也做得十分马虎。

“晨晨，有什么事情就说出来，咱们大家想想办法一起解决，如果不说出来，谁也帮不了你。很明显，你现在已经不能自己解决了，是吧？”

我的诚恳打动了晨晨，他说出了一直憋在心里的话：“我越想考好，越考不好，压力就越大。上课的时候，做作业的时候，都觉得很丧气，很茫然，慢慢地我的学习效率也下降了很多。”

我耐心地开导他：“晨晨，我也有过这样的情况，可是任何的心理压力都是可以缓解的，更何况你的学习进步小，并不是因为你学得很糟，只是你太马虎了。放轻松一点，把状态调整好才是最重要的。有压力未必是坏事，但压力太大就会误事了。面对压力，要懂得去释放它。”

悄悄说给男孩听：

每个人都有压力，来自学习的压力、生活的压力、社会的压力，把很多人都压得喘不过气来。如果不懂得排解压力，就会被压力压垮，与其躲避，不如正面迎敌。以下是几个战胜压力的方法。

1. 学习压力的排解方法

（1）要找出压力的原因。导致学习上产生压力的因素是多种多样的，例如：学过的东西很快就忘，以至于怀疑自己“天生就不是学习的料”；上课时精力不集中，学习的时候会不自觉地陷入“白日梦”中；学过的知识像一堆到处乱放的砖石，无法条理化；考试成绩总是不理想，而“苦心人，天不负”的古训在你身上却不起作用；听了很多别人的学习经验，看了很多介绍学习方法的书，但是学习效率依然没有提高……

（2）要用正确的心态去看待压力。当别人如鱼得水般轻松地在学海中遨游时，你却总是慢半拍，担心掉队的压力也就油然而生。如果你真的把压力看成压力，把烦恼当成烦恼，那么，你离掉队的时刻就不远了。有些人因为承受不了这种压力，便自暴

自弃，终日沉浸在苦恼的深渊，结果成绩如坐滑梯一样，越滑越低。而有些人则把压力当作动力，更加积极向上，勤奋刻苦，最终硕果累累。

（3）要带着愉快的心情去学习。真正的学习是快乐的，它不仅是指学有所获及学会某事的成就感，而且指学习过程本身是令人感到快乐的。因此，你应该确立学习是快乐的信念，应带着喜悦的期盼开始学习，等学习结束时还感到意犹未尽、恋恋不舍。快乐的学习能够使整个学习过程都变得津津有味，充满乐趣，让我们越学越想学，并乐此不疲。

（4）要做到有规划地学习。没有规划，一团乱麻，连自己掌握哪些、没掌握哪些，都不能区分开来，这会导致大量的无效学习，并造成畏难情绪，进而生出种种烦恼。在学习上只有看到自己该学些什么，能学些什么，理出一条脉络来，那才可能做到有规划。可以按照系统学习法画出系统树，这样，各个知识点就能够一目了然了。

（5）要不断给予自己肯定和鼓励。在学习时要把目光盯在那些积极的东西上，要能够看到自己的进步，并认为，这就是自己的成功。

（6）注意劳逸结合。绝不能一天到晚泡在书堆里，那样只会让自己头昏脑涨，压力也会更大。

2. 生活压力的排解方法

（1）拥有一颗平常心。平静地看待身边之事，遇事不必大喜过望，也不要怨天尤人。人生中许多事都难以预料，你要做的就是以平常心待之，把握好每一天，才能迎来更美好的明天。人生的最高境界莫过于“宠辱不惊，笑看庭前花开花落。”

（2）要多读好书，用知识开阔眼界。很多时候，我们觉得自己“苦”，这是因为对自己“关心”太多，却不曾想到世界上有很多人可能比我们还“苦”，成大事者无一不是能“吃得苦中苦”的。读书会让我们更理性地思考问题，在理性中成熟，在成熟中长大。

（3）学会冷静处事。任何时候，冲动都是做事的大敌，因为冲动会导致只凭感觉去做事，其后果往往是难以预料的。

（4）“苦”时要挺住。在许巍《每一刻都是崭新的》文章里，有这样一段话：“在最寂寞和不得不流泪的晚上，即使连自己都在笑自己傻时，依然拔出怀中的长剑，刺痛自己，提醒自己，勇往直前，直到现在。”

在这个世界上生存，就意味着要遇到种种不如意之事，无论是父母的不理解、误会，还是人际关系的紧张，抑或是考试的失败甚至是面临种种“绝境”，所有的这些都会带给我们“苦涩”的味道。

但是，世界“没有绝望的处境，只有绝望的人”，品味“苦”的时候要挺住，不能向命运低头，要与命运顽强抗争，如同在沙漠中长途跋涉，要耐得住干渴、饥饿之“苦”，才能体会到达沙漠绿洲时的喜悦。

生活中充满苦，因此，要学会吃一点苦。吃苦不仅可以使自己增加生存经验，而且能得到进步。

第二章 我就是我，做最好的自己

青春期，是一个肆意张扬的年龄段。每个人都有自己的个性，青春期的我们，不用过多地在意别人的眼光，该坚持的一定要坚持，一定要做最好的自己！

没错，我是独一无二的

“妈妈，我是个没个性的人吗？”

“怎么这么说呢？没有一个人是没有个性的！”

我不知道怎么回答。生活中，我是个脾气很好的孩子，没什么架子，俨然是一个“老好人”的形象。因为这样，同学们的任何求助我都不会拒绝。可是其他人都个性鲜明，叛逆的、固执的、易怒的都有，和他们相比，我的个性就显得很温和。对此，我很迷茫，常怀疑自己是不是一个完全没有个性的人？

“妈妈不觉得你没有个性，反而觉得你的个性挺好的。”

“为什么？”

“昊昊，在这个世界上，没有个性的人是不存在的。因为每个人都有自己的想法和方式，个性这东西，不仅仅只有叛逆、热情、活泼等，你所看到的只是别人表现得相对高调的一些个性而已。你沉稳、随和、单纯，这些个性也是很宝贵的。要成为什么样的人，是你自己的事情，只要相信你自己就好了。”

听了妈妈的话，我心中舒畅了很多。

悄悄说给男孩听：

个性，是自己独特的思维和行为方式。齐白石曾云：“学我者生，似我者死。”一位学者这样说：“真正伟大的人，并不是因为他所完成的事业的伟大而促成了他的伟大，而是因为，也只是因为他完全地发挥出了自己强大的个性。”

从中我们可以体会出这样一个道理：杰出人士之所以能让自己从芸芸众生中脱颖而出，一个重要的原因就是他们保持着自己独一无二的个性。

世界上有数十亿个不同的人类个体，他们各自具有不同的优势。杰出人士在面对自己时，即便清醒地认识到自己有很多的缺点，但仍会坚持：只做我自己。成功者都是有个性的，没有个性的成功者几乎没有。一个人必须保持自己独特的个性，正确地认识自己，扬长避短，这样才有利于自己的发展。

世界著名喜剧大师卓别林开始拍片时，导演要他模仿当时的著名影星，结果他一事无成。直到他开始形成自己的独特风格，才渐渐走向了成功。鲍勃·霍伯也有类似的经验，他以前有许多年都在唱歌跳舞，但均没有大的反响，直到他发挥自己的才能才真正走红。

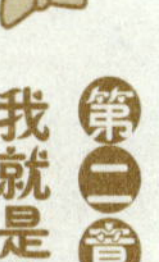

所以，处于青春期的男孩要根据自己的个性去思考自己的未来，去设计成功的路线和方法。人生活于世间，能以本色面世，不费尽心机，不被那些无谓的人情客套、礼节规矩所拘束，能哭能笑，能苦能乐，泰然自在，怡然自得，真实自然，保持自己的个性特征，岂不是一件乐事？

随波逐流，任意浮沉在别人的标准中，过分在意别人的看法，过分在意别人的评价，只会令你的自尊越来越低，属于你的自我形象、独特个性便永远一片模糊。因此，不要因为别人的眼光和做法而委屈自己，强迫自己去做其实并不想做的事情。

一个有独特个性的人才能算是完整的人，才会得到别人的尊重。

别勉强自己

我发现晨晨喜欢上了动漫，我也让妈妈买来一堆动漫书，可是，我真的不能像晨晨那么精通、那么着迷……奇奇喜欢奥数，这在我看来简直太神奇了，他怎么会喜欢奥数，那太难了……每次我都想和别人一样在一个领域里很出色，但是结果往往并不能让我很满意。我为此很苦恼，为什么别人能做好的我却做不好？

悄悄说给男孩听：

一切顺其自然，做任何事情都不勉强自己。要顺其自然，不抱怨、不急躁、不过度、不强求；要把握机缘，不悲观、不刻板、不慌乱、不忘形。

生活中有很多事情具有浓厚的哲学意味。我们在生活中，

应当遵循自己的自然本性和自身的习惯，凡事做到顺其自然。当你顺其自然地做某件事的时候，就会有些意外而又有趣的事情来临，我们经常会从中获得一些经验。

而如果我们在学习和生活中，做事情总是勉强自己，比如勉强自己学习优秀的同学或朋友的学习方法和生活习惯，而忽视自己的方法和已经养成的习惯，你就会发现自己不但活得很累，而且出不了好成绩。我们无论做任何事，都不要勉强自己，否则只会给自己增添痛苦。每天都给自己一段独处的时间，好好问问自己：到底想过什么样的生活？什么是可有可无的？什么是必须去不懈追求的？这样的追问可以一直延续下去，还可以把每天的想法记录下来，这样你会看到，随着生活阅历的增加、思考的深入，你的答案也不断成熟。只要我们不再一味地追求外界的认可，疲惫无奈地生活在他人的注视之下，我们就会真诚地生活，成为自己命运的主宰者。

在我们的学习和生活中，只要我们坚持反问自己，是不是做事太过于执着和勉强了，然后以一种顺其自然的态度来学习和生活，那么我们将不再疲惫。强扭的瓜是不会甜的，顺自然之性才能获得幸福。

要做好自己，遵循本性生活，就一定不要盲目跟风。

人若一味地盲从跟风，就会失去自己，这是一种不幸；人若失去自我，则是人生最大的缺憾。赤、橙、黄、绿、青、蓝、紫，谁都应该有自己的一片天地和特有的亮丽色彩。你应该果断地、毫不顾忌地向世人宣告并展示你的能力、你的风采、你的气度、你的才智。“横看成岭侧成峰，远近高低各不同。”凡事绝难有统一定论，谁的“意见”都可以参考，但永远不可以代替自己的“主见”，不要被他人的论断束缚了自己前进的步伐。追随你的热情、你的心灵吧，它们将带你实现梦想！

遇事没有主见的人，就像墙头草，没有自己的原则和立场，不知道自己能干什么，会干什么，自然与成功无缘。

青春期，就是要做自己

天气炎热，爸爸带我去游泳。其实以我的游泳水平，已经完全可以在深水区玩了，但是，每次我都是游到一半就又回来了。对于深水区，我总是缺乏胆量去挑战。

这次，爸爸直接把我带到了深水区。他让我从这里下水，然后游向浅水区。

爸爸见我犹豫着不敢下水，他自己就先下水了，“昊昊，深水区的浮力更大，游起来更舒服。你试试，爸爸在旁边保护你。”

躲无可躲，我只好硬着头皮下到水中，猛吸一口气，双脚一踩，我就冲了出去。

看着深深的池底，想到我要是停下来水肯定会淹没我，我就赶紧游了起来。

1、2、3、4、5…我在心里默默地数着，不知不觉我就已经游到了终点。

“昊昊，你很棒，你已经成功战胜了深水区！”爸爸向我竖起了大拇指。

是啊，深水区确实浮力大，游起来更有感觉。于是，我冲爸爸点点头，又向深水区游去。

这真是非常棒的一次体验！

从那天开始，我爱上了深水区。

悄悄说给男孩听：

青春期，是一个自信飞扬的季节。

哈佛大学哲学系的一名教授在一次上课时，为学生们讲述了一个小故事，故事的主角是一位著名学者的助手，故事是这样的：

学者已是风烛残年之际，他知道自己的时日不多了，就想考验和点化一下他的那位平时看来很不错的助手。他把助手叫到床前说：“我需要一位最优秀的传承者，他不但要有相当的智慧，还必须有充分的信心和非凡的勇气……这样的人直到目前我还未见到，你能帮我寻找和发掘一位吗？”

“好的，好的。”助手很认真、很坚定地说，“我一定竭尽全力去寻找，不辜负您的栽培和信任。”于是，这位忠诚的助手就开始想尽一切办法为自己的老师寻找继承人。

他领来了一位又一位，然而都被学者婉言谢绝了。有一次，已病入膏肓的学者硬撑着坐起来，拍着助手的肩膀说："真是辛苦你了，不过，你找来的那些人，其实都不如你……"

半年之后，学者眼看就要告别人世，最优秀的传承者还是没有眉目。助手非常惭愧，泪流满面地坐在学者的病床边，语气沉重地说："我真对不起您，令您失望了！"

"失望的的确是我，对不起的却是你自己，"学者说到这里，很失望地闭上眼睛，停顿了许久，又哀怨地说，"本来最优秀的人就是你自己，只是你不敢相信自己，才把自己忽略、耽误、丢失了……其实，每个人都是最优秀的，差别就在于如何认识自己、如何发掘和重用自己……"话没说完，学者就永远离开了这个世界。助手非常后悔，甚至整个后半生都在自责。

在一个人的心态与性格中，非常重要的一点就是如何看待自我。如果一个人对自我没有一个清醒的认识，那也很难谈到客观地对待外部世界。自信是在客观地认清自己的现状之后仍保持的一种昂扬斗志，自信就是成功者必须依赖的精神潜能。

在当代许多世界名人中，有些人是相当自信的，有时甚至给人一种说大话、吹牛的感觉，但是，他们确实做到了，或者仍在努力做。但无论如何，自信都给了他们一种前进的动力，使他们敢于去攀登事业高峰，创造出骄人的业绩。

有人说过："人生最大的损失，除丧失人格之外，就是失掉自信心了。"一个人可以没有金钱，没有美貌，没有洋车洋房，但是，只要你拥有自信，那么，成功就不会将你拒之门外。何必一直羡慕别人、模仿别人呢，每个人通向成功的路都是不一样的。但是那些成功的人一定拥有一个共同点，那就是相信自己一定能行。其实，成功就是自信地走属于你自己的路！

你要记住，自信的人最美丽，也最容易受到成功的青睐。好好握紧自信，不要将它丢掉，因为那是青春的灵魂！

你就是你，让别人说去吧

我很喜欢看一些宇宙方面的书籍，经常拿着望远镜去观察星星。

“昊昊学习成绩那么一般，还真以为自己能成为科学家呢。”

这句话是我在邻居家孩子跟其他孩子说话时无意间听到的。听到这句话的时候，我非常难过。回到家，我默默地收起望远镜，趴在桌子上默不作声。

妈妈也听到了那些话，看到我这样，便走过来，告诉我：“做自己想做的就好，不要在意别人怎么说。”

悄悄说给男孩听：

你是不是一个自己有主见的人？你在做事时是按照自己的想法做决定，还是听从别人的话摇摆不定？你会不会因为别人说你不行就不再去努力？很多时候，我们在通往成功的奋斗之路上常常被一些人和事所干扰，最终失去了真实的自我，在歧路上越走越远，最终找不到回头的路。

是啊，很多时候我们总是陷于别人给我们的评论之中而迷失了真实的自己。别人的语气、眼神、手势等都可能会搅扰我们的心，使我们丧失往前迈进的勇气，甚至让我们成天沉沦在愁烦中不得解脱，在前进的道路上迷失自我。事实上，别人怎么说、怎么做，那是别人的事情，是别人的生活态度，而你怎么说、怎么做、怎么想才是你的生活态度。不要因为身边的一些事和人，而受到影响；不要因为别人的一句本非恶意的话，而受到伤害；不要因为别人做的一些无关紧要的事情，而否定自己。但丁说："走自己的路，让别人去说吧！"我们都有自己的生活方式、自己做人的原则，如果太在意别人的看法、盲从他人，就会丧失主见、失去自我，这样的人生，还有什么意义呢？我们不能如矮子观戏，人云亦云。

上帝曾把1、2、3、4、5、6、7、8、9、0十个数字摆出来，让面前的十个人去取，说道："一人只能取一个。"

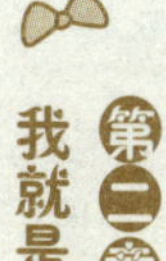

人们争先恐后地拥上去，把9、8、7、6、5、4、3都抢走了。

后面取到2和1的人，都说自己运气不好，得到的很少很少。

可是，有一个人却心甘情愿地取走了0。

有人说他傻："拿个0有什么用？"

有人笑他痴："0是什么也没有呀，要它干啥？"

这个人说："从零开始嘛！"之后便埋头不言，孜孜不倦地工作起来。

他获得1，有0便成为10；他获得5，有0便成了50。

他一心一意地干着，一步一步地向前。

他把0加在他获得的数字后面，数字便十倍十倍地增加。终于，他成为最成功、最富有的人。

处在青春期的你应该知道，你的生活是你自己的，不是别人的。在这个世界里，每个人都是一道彩虹，是一道别人永远无法再次演绎的彩虹。这个世界多姿多彩，每个人都有属于自己的位置，有自己的生活方式，有自己的幸福，何必要羡慕别人？放开自己，挣脱别人对我们的束缚，不要被别人的言论所左右，找到属于你自己的天空，你才能活得更洒脱，才能在充满坎坷的人生道路上走得更踏实。

扬长避短，水到渠成

我想学钢琴，想学小提琴，想学大提琴，想学长笛……我还想学书法，想学绘画，想学滑冰……我还想干很多很多事情。妈妈说，让我去找自己的强项，避开自己的弱项，因为在长处上开花比在短处上更容易一些。

可我的长处到底是什么呢？我陷入了沉思……

悄悄说给男孩听：

许多时候，我们艳羡他人的成功，总认为自己“比别人笨”“我不是这块料”“像他一样出名太难了”。其实，尺有所短，寸有所长，人的兴趣、才能、素质也是不同的。如果你不了解这一点，没能把自己的长处利用起来，那么你将会自我埋没。反之，如果你有自知之明，善于发挥自己，从事你最擅长的事情，你就容易获得成功。

通向成功的道路有许多条，在不同领域、不同行业，人们取得成功所需要的才能和智慧是不一样的。几乎每个青少年都有自己擅长的一种或几种才能，例如：

有些青少年逻辑分析能力强，很有数学天分。他们喜欢并擅长计数、运算，思维很有条理，经常向父母或老师提问题，追问为什么，并愿意通过阅读或做实验去寻找答案。如果他们的好奇心能得到满足，那么他们很可能会在理科学习和研究上取得好成绩。

有些青少年很有语言天分。他们说话早，对语音、文字很感兴趣，喜欢听故事、讲故事，喜欢绕口令和猜谜等语言游戏，喜欢读书和听别人读书。如果能对他们认真培养，他们很可能会在文科领域有所建树。

有些青少年擅长人际交往。他们比较容易理解他人的感受，能够和各类人相处，在各种情况下都能恰当地表达自己，经常充当团体的领袖人物。长大后，他们比较容易在政治、教育、管理或社会活动等领域取得成功。

有些青少年有超常的空间天分。他们的视觉似乎特别发达，喜欢把事物视觉化，即把文字或语音信息转变为图画或三维形象，他们大都会在绘画、摄影、建筑或服装设计、造型艺术等方面表现出兴趣和特长。

有些青少年有超常的音乐天分。他们的听觉特别发达，往往在很小的时候就表现出对音准和声音变化的高度敏感，并能迅速而准确地模仿声调、节奏和旋律。

有些青少年很有运动天分。他们能很好地协调肌肉运动，体态柔和、举止优美，他们通常在体育、机械、戏剧和其他操作工作中有杰出表现，很容易成为优秀的运动员、机械师、舞蹈家和演员等。

研究发现，人类有四百多种优势。这些优势本身的数量并不重要，重要的是，你应该知道自己的优势是什么，劣势是什么。之后要做的就是敢于放弃劣势，将你的生活、工作和事业发展都转向你的优势，这样你就会容易成功。

尽管路径各异，但成功者都有一个共同点，那就是“扬长避短”。传统上，我们强调弥补缺点、纠正不足，并以此来定义“进步”。而事实上，当人们把精力和时间用于弥补劣势时，就会无暇顾及发挥自己的优势了；更何况任何人的劣势都比优势多得多，而且大部分的劣势是无法弥补的。

所以，每一个人都应该努力根据自己的特长来设计自己，量力而行。根据自己的环境、条件、才能、素质、兴趣等，确定前进的方向。

不放过一个坏习惯

最近，我觉得学习压力大，想以玩电脑游戏作为一种释放压力的方式。没想到却从此迷恋上了游戏，常常抑制不住，甚至背着爸妈通宵达旦地玩游戏。这样一来，白天困，学习肯定受影响，最后，学习成绩下滑得很厉害。

后来，爸爸妈妈知道了我成绩下降的原因，虽然很生气，但还是很细心地给我讲了好多打游戏的坏处。

经过爸爸妈妈的劝导，我决心改掉自己迷恋游戏的坏习惯。每天放学回家，我都会帮助妈妈做家务，以转移自己对游戏的注意力。等晚饭过后，我会帮着妈妈收拾碗筷，再回到房间做作业、预习好第二天的功课，然后就和爸妈一起散步，一边散步一边谈论趣事。爸爸为了让我不再迷恋游戏，还常常和我一起下棋，陪着我练习书法。渐渐地，我玩电脑游戏的时间越来越短了，对它不再像以前那样痴迷了。

悄悄说给男孩听：

要想克服拖延的坏习惯，就必须懂得珍惜时间；要想克服懒惰的坏习惯，就必须勤奋；要想克服打架斗殴的坏习惯，就必须学会宽容。

习惯是人生的主宰，一个好的习惯会让人受用一生，许多个好习惯加起来，就可以成就一个人一生的辉煌。性格决定命运，习惯作为思维、心态的反复再现而成了性格的一部分，所以我们说习惯决定命运。如果能从小培养好习惯，改掉坏习惯，那青少年的命运也将随之改变。生活中，青春期男孩应该如何制订有效的“删除坏习惯”的计划呢？

许多青少年面对自己的“坏习惯”没有足够强的自制力和意志力，经受不住“坏习惯”的纠缠，比如无法控制网络、烟酒的诱惑等。那种凡事都无所谓的想法，使自己偏离了健全的自我意识的轨道。青少年应根据自己的实际情况，为自己制定一个惩罚“坏习惯”的制度，通过自我努力，有效控制自己、改掉坏习惯，最终达到自我完善。

一旦决定改变习惯，就应拟定当月的目标。目标不可过大，比如有人戒酒时，就采用每天比前一天少喝一点的办法，最后成功戒掉。

我们常说万事开头难，一个新习惯的诞生，必然会冲击相

应的旧习惯，而旧习惯不会轻易退出，它要顽抗，要垂死挣扎。另外，我们的机体、心灵也需要时间从一种状态过渡到另一种状态，需要一个适应的过程。从记忆的角度讲，人也需要不断复习新建立的好习惯，以求强化它。所以，前三天要准备吃点苦，要下功夫，要特别认真，过了这一关，坦途就在眼前。

要改掉坏习惯，可以尝试以下几种做法：

（1）认清自己有什么坏习惯是必须要改掉的。例如，你逃避问题，使家人、朋友或同学感到厌烦，沉迷于某件不能让自己愉快但又不能自拔的事等等，这些都是必须要改掉的坏习惯。

（2）学会风趣、机智。让别人觉得与你谈话都很愉快，乐意听你说话。

（3）学会提问，而且问得恰当。问别人私事时要适可而止，切不可刨根问底。对别人关切的事能表示关怀，有诚意对他人做进一步的了解。

（4）不可装作自己什么都懂。不知道就说不知道，诚恳地问人家，更容易给人亲切感。

（5）结交一些对自己有利的新朋友。例如你要改掉暴饮暴食的坏习惯，最好就和饭量小的人一起吃饭。

（6）多参加各种各样的活动。不要把自己的活动限制在你喜欢的那一两项中。

（7）凡事不必看得太严重。从日常平淡的生活中发现美好，与你周围的人共享生活的甜美。

不完美给了我们前进的理由

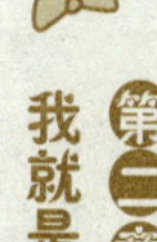

自从听说表哥申请了美国的常青藤盟校并且通过了，我就觉得自己哪里都不好了。

表哥在我眼里简直就是完美的。

他篮球打得很好，常常是球场上的焦点。他英语说得很流利，曾经代表学校参加过市里的英语演讲比赛并且获奖。他还是学校合唱团的，有几次都是领唱……这次又成功申请了世界名校，我真是觉得他太优秀了，我怎么就这么平庸呢？

表哥来我家玩，看出了我的沮丧。

“昊昊，其实我没你想的那么完美。我学钢琴学了好长时间还没能入门，我的足球也踢得特别烂，你看到的只是我好的一面罢了。”

“没有人是全才，我们不用追求完美，只要做最好的自己就可以了。”表哥继续开导我，他的话终于让我找回了一点自信。

悄悄说给男孩听：

也许你为相貌、身高抱怨过，为家庭条件、学习环境发过牢骚，但只要你乐观、积极、充满智慧地去面对生活，就能扭转人生劣势，出奇制胜。

当日本跻身于世界强国之流时，这个岛国的一个偏僻小山村却几乎与世隔绝，十分落后，生活极为困苦。

一天，村里一位智者召集全村人，语重心长地说："如今都是什么年代了，咱村的人还过着和原始人差不多的生活，我深感内疚和痛心！不过，大都市里的人过现代化生活的时间长了，也一定会感到乏味。咱不妨走点回头路，干脆过原始人的生活，利用咱的'落后'出卖'落后'，这也许会招来很多城里人。咱们呢，也可以借此机会做生意赚钱。"这一计划博得全村人的喝彩。从此，全村人开始模仿原始人的生活方式，在树上搭房，穿树叶做的衣服……

不久，日本新闻媒介惊奇地发现并报道了这个过着"原始人生活"的小山村。此后，成千上万的人慕名而至，参观者络绎不绝，众多的游客为山村带来了可观的财富。有经营头脑的人也来了，他们在这里修路、建宾馆、开商店，将这里开辟为旅游景点。小山村的人趁机做各种生意，终于富裕了起来。过了若干年，这里的居民白天上树已成为一种职业习惯，晚上再回到地面，脱掉兽皮、树叶做的衣服，穿上时髦的服装，住进水泥、大理石建成的豪华宿舍里，过现代化的生活。

其实，有时劣势和缺点不一定是坏事，如果引导得好，它们就会转化为优点。把自己的劣势转化为优势，对任何人来说都非常重要。

所以，我们要拥有积极的心态，这样就能将自己的劣势转化为优势。如果还不知道怎么做，不妨按照下面的步骤来检测一下自己。

（1）孤立弱点，将它研究透彻，然后制订一个计划加以克服。

（2）详细列出你期望达到的目标。

（3）想象将你自己的劣势变成优势的景象。

（4）立即开始，努力成为你希望成为的人。

（5）在你的最弱之处，付出最大的努力。

（6）请求他人的帮助。

对自己好点儿

晨晨的表哥来到了他家，表哥家在远郊，上学很不方便，这样，晨晨家里就长期多了一个人。可是，自从表哥来到他家，妈妈就让他把自己大大的卧室让给表哥住，晨晨只能搬到客卧；连家里好用的电脑妈妈也让他让出来给表哥用。这让晨晨觉得自己在家里好像是个外人，他碍于面子也不好去跟妈妈说，但心里觉得很委屈。

我和希希听说后都替晨晨着急。他表哥我们见过，是个不爱学习的学生，有一次我们还看见他吸烟了。我们都觉得晨晨太委屈了，应该去跟爸爸妈妈谈一谈。

我们把真实想法告诉了晨晨，让他去找爸爸妈妈谈，把他表哥的真实情况说一下，然后说自己还想要自己的空间，希望能把卧室恢复到原来的样子。

第二天上学晨晨来得特别早，看见我和希希就十分高兴地拉着我俩说起了昨天晚上的情况。原来，晨晨的爸爸妈妈之前是觉得表哥要中考了，需要更好的学习环境。但当爸爸妈妈知道表哥并没有把精力放在学习上，而且晨晨还想要回自己的房间时，就把晨晨的意愿跟表哥说了，表哥也觉得自己有点过分了，就主动搬出了晨晨的房间，还表示以后一定好好学习。

事情就这样解决了，我们都为晨晨感到高兴。

悄悄说给男孩听：

男孩一定要爱自己。爱自己并不是自私，自私是损害别人的利益，爱自己只是让自己过得更好一些。一个懂得爱自己的人，才会去爱别人。

我们有足够的理由去爱自己，一是只有自己才是属于自己的；二是只有热爱自己，才能热爱他人；三是只有热爱自己，才能不断延长和巩固爱的世界。

是不是足够爱自己，你可以试着自问以下几个小问题：

你喜欢自己的父母及他们给你取的名字吗？

你喜欢自己的优势吗？

你喜欢自己的气质、谈吐、微笑、习惯性的小动作及打喷嚏的声音吗？

在现实生活中，有许多人给出这样的答案：“不”“还好吧”“已经这样了，能怎么办呢”等。这些答案不免使人感到悲哀，为什么我们总是只会“发现”并且难以原谅自己的错误呢？

或许有人说，爱自己岂不表明一个人过于自恋？这种想法是错误的。我们必须清楚爱自己其实既是一种孩童般的天真无邪，又带有一种哲人般的知性豁达；既包含着一种“要进取才有前途”的智慧，又有着“自己并没有那么重要”的襟怀和勇气。总之，就是热爱自己与生俱来或亲手打造出的一切，并努力发扬光大。

然而，“爱自己”却并不容易做到。简单点，在一件细小的事情中可以体现；复杂点，要用一生去打造。因为在这个世界上没有人是完美的，身为普通人，我们的缺点更是成箩成筐，如果较起真儿来我们就会活得很累。所以，只要我们还拥有一颗热爱美好的心，并为此孜孜努力着，我们就应该觉得自己是个可爱的人。

还有人说爱自己是一种自私的行为，这同样也是不正确的。

爱自己不是一种自私的行为，我们这里所说的“爱”并不是虚荣、贪婪、傲慢、自命不凡，而是一种善待自己，对自己无条件接受的做法。如果你能够认识到自己是一个有自尊心的综合体，如果你能够注意养生、保持自己的身心健康，那你就已经学会爱自己了。如果你拥有了这种爱，那你也就可以把它奉献给别人了。

爱，非常像花散出的香气，无论有没有人去闻它，香气都是存在的。那些有爱的天性的人们，无论走到哪里，都会辐射出爱。而且，他们把爱撒播给别人并不是通过压制自己的欲望、牺牲自己的需求来实现的，而是由于他们生活得十分充实，所以非常希望别人也能分享这种快乐。他们在友善地对待他人的过程中，发现自己能够获得一个愉悦的心情，而这种愉悦正是他们的爱产生的源泉。

因此，为了更好地爱自己，不妨做如下尝试：在你比较轻松、事情比较少的日子里，专门空出一天时间。在这一天中，做你自己最要好的朋友，满怀感情地对待自己，为自己祝福。你可以放声歌唱，你可以尽情地跳舞，用一整天的时间来爱自己。

通过友善地对待自己，你会逐渐发觉自己的状态开始好转，觉得生活是美好的，而且你还会对自己的身体和思想产生感激之情。

要相信，每个人都有自己的位置，每个人都能找到自己的位置，发出自己的声音，踏出自己的旅途，做出自己的贡献。我们应该相信，正因为有了千千万万个“我”，世界才变得如此丰富多彩，生活才变得美好无比。

第三章

学习，多大点事儿

青春期，注定是长本领、长知识的年纪。对于学习，很多同学都是心存恐惧的。其实真的不必如此，只要我们把学习当成一项能增强我们功力的技能，对自己说："学习，多大点事儿！"学习，就真的不会那么令人心生畏惧。

学习真的枯燥吗

这一次期中考试，我的成绩提高了不少，排名也靠前了十几名。

虽然距离我最理想的成绩还有一段距离，但是通过自己的努力，我还是有了很大的进步，这让我对自己有了信心。晨晨跑来问我，学习怎么开窍了，成绩为什么有这么大的进步？是啊，为什么会进步这么大呢？我得好好想想。

过去，我喜欢玩电脑游戏，喜欢跟朋友们在外边玩，在家里根本就待不住。父母对此很担心，他们想让我走回正轨，但是却总对我吼。面对父母的态度，我并没有顺从。

当时，我彻底厌倦了爸妈对我的种种要求，比如不能在外边玩的时间太长，不能放学一回家就坐在电脑前不动。每次说到这些时，妈妈就会显得很烦恼，看到她那样，我也很烦恼了。

当然，那个时候我的成绩并不好。后来，当爸爸妈妈都快对我失望时，爸爸很严肃地问了我一个问题，“昊昊，你想想，你读书到底是为了谁？不是为父母，而是为你自己呀！”

当爸爸的问题提出来的时候，我认真地想找个答案反驳爸爸，但找来找去，却找不到一条能反驳爸爸的理由。

后来，我想通了爸爸的问题，从那以后，我也真的改正了自己很多错误的做法。这次拿到成绩单以后，我才明白爸爸妈妈当初劝我走回正轨的一片苦心。

悄悄说给男孩听：

很多男孩在很长一段时间内都会觉得学习并不是为了自己，好多成功者的学习成绩也并不很好，而且，很多成绩好的同学可能并不快乐，成绩不好的同学有时却过得很开心，也会有很多好朋友。

但是静下心来想一想，虽然学习知识的过程有些累和枯燥，但是它的结果绝对是甜蜜的。每个父母都爱自己的孩子，所以，他们让孩子学习的出发点都是出于爱和信任。

他们不想让自己的孩子闷闷不乐地做枯燥的数学题和物理题，也不舍得让自己的孩子舍弃休息的时间去背诵晦涩又难懂的古文。但是他们更深深地知道，没有苦痛和努力，孩子就不会成长，也就没有日后的成功，与其让孩子一生目不识丁，在社会上步履维艰，不如让孩子现在勤奋学习。事实上，努力之中也自有快乐，当经历了学习入门期的枯燥体验后，就会发现知识的天地里别有洞天，那里的神奇和奥妙是你原来难以想象的。

所以，我们必须明白，无论一个人是为了祖国而学习，还是为了父母而学习，学习的直接受益者都是自己。

只有学习，我们才能体会到遨游于知识海洋的快乐；只有学习，才能体验目标实现的成就感；只有学习，才能在未来社会中立好身，找到自己认为最理想的工作和岗位；只有学习，才能让我们成为一个高素质、有内涵、有魅力的人；只有学习，才能让我们有更敏锐的触角去体验生命的喜悦与欢乐。

那么，学习是什么呢?

学习是按照一定的目标，有系统、有组织地掌握知识、技能和发展能力的活动。我国著名的心理学家林崇德教授将学习归纳为以下几点：

（1）学习过程是同学们的认识活动要超越直接经验的阶段。

（2）学习是在老师指导下的认识或认识活动。

（3）学习是一种运用学习策略的活动。

（4）学习动机是学习的动力。

（5）学习过程是获得知识经验、发展智力能力、提高思想品德水平的过程。

经过学习的五大特点的总结，我们找不到不爱学习的理由。那些热爱学习的优等生没有人会说“课堂上老师只是照本宣科，讲些重复的死理论”。

只要对学习不再反感，就能很轻松地开始愉快的学习，学习也变成了一种内心的自觉活动。慢慢地，你的学习成绩就会越来越好了。

当青春期遭遇厌学

放学回到家，我把书包往书房一扔，就窝在沙发里玩起了平板电脑。

妈妈在厨房做饭，爸爸还没回来，难得有一段独处的时间。我看完了新闻，又看了最新的游戏介绍，然后看着妈妈还没从厨房出来，就打起了游戏。

在游戏的世界里，那些作业啦、考试啦都被我抛到脑后了。

正在我迷恋着游戏的时候，一只大手把我的平板电脑给夺走了。我抬头一看，发现是妈妈。

紧接着妈妈就开始唠叨："昊昊，你就是不知道学习，只会贪玩……"我落荒而逃。回到自己的小屋，看到鼓鼓的书包，想起还有一大堆作业在等着我，可我还是不想写。

我琢磨了好久，终于想起来了，我还可以看漫画书。

折腾了半天，我还是没打开书包，一直到晚上洗完澡，到了上床的时间，我的作业还没写呢……

悄悄说给男孩听：

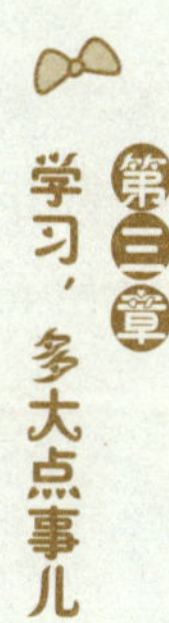

厌学常常主要是由于非智力因素的原因，比如兴趣、动机、意志、情绪等心理方面的因素，还跟家庭、学校、社会有一定的关系。比如昊昊，就是因为对学习暂时缺乏动机和兴趣，不知道为什么要学而厌学的，这是心理问题，是内在原因。

总的来说，厌学的原因有两类：内在原因和外在原因。内在原因常常是由于你们在学习过程中的消极情绪体验和自我认识存在偏差，而外在原因则往往是受社会、学校、家庭等外部环境的不良影响。

无论是哪个年级哪个班，班里都多多少少有一些厌学的学生。他们日常表现为对学习失去兴趣，不认真听课，不完成作业，怕考试；甚至恨书、恨老师、恨学校，旷课逃学；严重的还发展到当老师在课堂上管教他时，他会公然反抗，甚至辱骂、殴打老师。除了“对为什么要学习”这个问题求而不解产生厌学外，还因为自己制定的学习目标在短期内得不到实现，进而产生了焦虑情绪，所以进一步加重了厌学的程度。那么，又该怎样消除厌学情绪呢？

首先，应该找到学习的乐趣。因为，假如学习是你的兴趣所在，那它就是享受；假如你认为学习是负担，那它就是沉重的包袱，关键是你自己怎么看待学习。学习相对于打游戏来说，确实是一件枯燥的事情，但它绝不是你想象中的枯燥而无意义的重复。要知道，知识在于积累。只有在青少年时期，有了对各科知识的踏实的、日复一日的慢慢积累，日后才能对知识加以应用和创新，才有可能成为对社会有用的人，也才有可能实现自己的梦想。

学习中，有时会出现成绩不进反退的现象，这时你就要反思下自己，是不是制订好了计划，但并没有切实地按计划执行呢？就算你按计划执行，认为自己很努力了，可是排名还是在往后掉，那你有没有想过，别人也许比你更努力。学习有时候会出现“高原效应”，也就是说有一段时间学习看上去进步很慢，甚至几乎停滞不前。有高原效应的学生有的在很短的时间内，比如一两周，就能走出来，有的则要很长时间，甚至要一两年，这要视个人情况而定。不过，暂时性的退步不代表什么，也不意味着你就进入可怕的一两年的“高原效应”了，更不要因此而产生厌学心理。

你想想，反正也要学习，怀着高兴的心情是学，怀着厌恶的心情也是学，为什么不怀着高兴的心情学呢？而且心理学家也说了，怀着高兴的心情吃饭，有利于消化。连吃饭都是这样，学习就更是如此了。而且，就算出现了学习上的“高原效应”，只要调整计划，放松心情，然后切实地执行计划，那么离走出“高原效应”的时间就很近了，并且你一旦走出来，学习成绩将会上一个台阶！

学习拼的是效率

原来，我每天都在学习上花很多时间，但是学习效率好像并不高。每天都会觉得很疲惫，但是感觉自己收获很少。不像有的同学，看样子好像每天都没有花那么多时间学习，但是成绩很好，而且知识掌握得比我牢固。

我努力寻找自己的问题。首先，学习方法是没有问题的，我对自己每个科目的学习方法是非常自信的。我唯一困惑的是，自己每天学习都会觉得很累，而且效率很低下。一个偶然的机会，我在一本杂志上看到了一个关于学习时间和人体生物规律的文章，觉得大受启发，文章说，应该在合适的时间安排适合的科目才能收到事半功倍的效果。

于是，我重新安排了自己的学习时间和规划。在早晨固定的时间朗读英语课文、背诵单词，也背诵那些语文老师要求背诵的课文。上午的时候，觉得自己精神很好，就拿出那些数学和物理的题目演算，觉得比以前在下午昏昏欲睡的时候做题的效率要高很多。等到下午犯困的时候就总结知识点，系统复习。晚上会拿出一部分时间做练习题，然后再复习和巩固白天学到的知识。

这样下来，我的学习成绩提高了很多，而且觉得自己也没有以前那么疲惫了。

悄悄说给男孩听：

哈佛大学著名心理学家威廉·詹姆斯的研究认为，如果在某个固定时间内一直坚持学习，那么，每当在那段时间进行学习时，大脑的相关部位就会不由自主地兴奋起来，进而会取得更好的学习效果。

其实绝大部分人的生活习惯都是相似的，一般是晚上十一二点就寝，早晨六七点起床。然而一天之中，一定会有精神特别好与精神特别差的时段，同样用功一小时，如果精神充足，效果当然好，倘若精神萎靡不振，学习效率自然不高。经常保持旺盛的精力，学习起来当然称心如意，但一天当中最佳的学习时间点因人而异，我们必须依照自己的生物钟，尽量安排最佳的时间、地点来进行学习。

一般人的休息时间从晚上六七点开始，如果你长久以来都先吃饭、洗澡，然后再开始学习、记忆，结果却觉得这段时间的学习效果不好，建议你不妨回家后先放松休息，待到精神旺盛的时候再开始学习。

你可以尽量多尝试，将不同的时段混合运用，如晚饭后可趁着印象还清晰，把今天学习过的内容回忆一遍，然后在九十点上床睡觉，早晨起床再复习一下。我们可以在每天早上固定的时间和地点背诵英语，时间一长，次数多了，便可大大增强我们的记忆效果，学习动力也会自然而然被激发。这就好比每到吃饭时间，人的唾液和胃液会自然而然地分泌的较多，此时人们会觉得有些饥饿，有进食的欲望。所以最好每天选择在自己最佳的学习时间点进行学习，并尽量保证准时完成，这样至少可以保持学习的积极性与高效性。

在学习过程中，当你感到疲劳的时候，就是从“学习的最佳点”开始转折的时候，这种信号告诉你应当立即变换花样去做另一件事，让大脑得到休息，使时间利用率不至于降低。

确定个人学习的最佳时间点，经过长期合理的使用，便可以形成习惯的节奏和规律。一日之中几点钟做什么，接下来做什么，有条不紊，时间长了便会形成一种用时规律。在这规律的时间中，头脑最清醒的时间段无疑要用来背诵、记忆、创造，其他时间段则用来阅读、浏览、整理资料、观察、做实验。合理地安排时间，一定会大幅度提高你的学习效率。生理学家研究认为，一天之内有四个学习的高效期，如果你使用得当，就可以轻松自如地掌握、消化、巩固知识。

第一个学习高效期是“清晨起床后”。大脑经过一夜的休息，消除了前一天的疲劳，脑神经处于活跃状态，没有新的记忆干扰，此刻的认知、记忆印象都会很清晰，宜于学习一些难记忆但又必须记忆的东西，如语言、定律、事件等。有时即使强记不住，大声念上几遍，记熟的可能性也强于一天中的其他时段，这是第一个记忆高潮。

第二个学习高效期是“上午八点至十点”。此时体内肾上腺等激素分泌旺盛，精力充沛，大脑具有严谨而周密的思考能力、认知能力和处理能力，是攻克难题的大好时机，应当充分利用大脑的兴奋来攻关。

第三个学习高效期“下午六点至八点”。这是用脑的最佳时刻，不少人利用这段时间来回顾、复习全天学过的东西，加深印象，分门别类，归纳整理。这也是整理笔记的黄金时机。

第四个学习高效期是“入睡前一小时”。这段时间可以用来复习一些难以记忆的东西，会非常不易遗忘。

知识比分数更重要

我总是非常担心自己的考试成绩，每次考试完就开始害怕公布成绩的那一刻。

期末考试结束的这一天，爸爸见我坐立不安，就让我陪他出去散步，爸爸边走边给我讲了一个故事。

有一个人学习成绩特别好，家人都对他寄予了很大的希望。后来他果然不负众望，以非常优异的成绩考进了知名大学。当大家都觉得他如愿以偿的时候，他却并不开心。

原来，他学的专业是高分子化学，实验对他来说就非常重要了，可是，他只会写那些复杂的公式，等到他亲自上手做实验的时候，用他的话来说，就是脑袋里一片空白，根本不知道从哪里下手。他说，站在实验台前，他自己就仿佛成了一个实验品，这一切让他非常苦恼。

故事讲完了，爸爸又语重心长地总结道："无论什么时候，都要关心自己学到了什么，而不是只关心自己的分数。分数固然重要，但是比分数更重要的是知识和能力。”

悄悄说给男孩听：

青春期的孩子大多数不能正确地认识自己的分数。这和你们所处的年龄阶段有很大的关系。这些来自学习的压力，常常会让你们感觉很累。每当自己取得好成绩或遭遇失败时，你们对自己的认识都会发生很大的变化。当取得好成绩时，你们会认为自己是天才，无所不能；但遭遇失败时，你们又会觉得自己一无是处，甚至把自己看得一文不值。所以，在这种状态下，你们永远都不会正确地认识自己。

一般来说，青春期孩子的自我意识出现严重问题，常常会发生在考试之后。因此，要利用取得好成绩或遭遇失败的机会，更加正确地认识自己，正确地评价自己，从而使自我意识沿着正确的方向发展。

只有家长不太在意孩子的学习成绩，孩子才能真正放开自己的心，不再对考试成绩过分忧虑。遗憾的是，很多家长都很难做到这一点，当孩子没考好时，孩子还未表现出异样，家长们的情绪就先低落了，或者干脆批评孩子一通；而当孩子取得好成绩时，家长们又恨不得让所有人都知道孩子的成功……家长的这些行为都会给孩子带来错误的引导，使孩子不能正确地认识自己。

总之，孩子要和家长共同努力，去正确认识学习，而不要仅仅在乎学习成绩。

充分利用课堂时间

我和同桌希希制定了“君子协议”，即我们俩约定好，上课的时候，如果有谁走神对方一定要提醒自己，把走掉的“神”给拉回来。

为什么要制定这个“君子协议”呢？还不是因为我们俩上课的时候都爱走神……下课用功百倍不如上课认真听讲，当我们明白了这个道理以后，我们才真正地付诸行动。

那么，我们是怎样开窍的呢？

悄悄说给男孩听：

我们常常发现这样一个规律：有人拼命学习，抓紧每分每秒，可不管是平时的练习还是大小考试，这些看似认真学习的人都无法取得好成绩；而有的人课下轻轻松松，却能毫不费力地取得好成绩。他们的区别就在于课堂上的效率高低不同。事实证明，课堂上开小差，或不懂得如何运用课堂时间学习的人即使课下付出再多努力，成绩仍然比不上那些课堂上认真听讲的人。

因为，课堂是知识最集中的场所，每一节课都是经过老师精心准备的，都是精华。如果课堂上不认真听讲，那就意味着你错过了知识的精华部分。而课堂也是一个解决问题的场所，在课堂上不通过提问解决，那么问题很可能就一直搁置，最后也得不到解决。我们都知道课堂学习占据着我们大部分的时间，这就要求每一个人都要善于抓住课堂上的每分每秒，专心听讲，这样才能确保高效学习，只有笨拙的人才会舍弃课堂，而费尽心力地把时间和精力花在课堂之外。

所以，要想取得好成绩，充分利用课堂时间就显得十分重要了。那么具体该如何做呢？不妨从以下两个方面着手：

（1）课前准备。课前准备一定要做好，比如课前预习和文具的准备等。课前预习，能够保证对知识脉络的掌握，这样就可以轻松地跟着老师的思维走，另外，预习中产生的疑问会迫使你更加专心地听讲，最终使问题得到解决。而文具的准备是为了避免上课时分心，以便提高听课效率，要专心听老师讲课，听同学发言，并积极思考，这样就可以使自己的注意力一直处于集中状态。

（2）要善于观察并发现问题。这样有助于集中注意力；可以大胆提问，增加课堂上的互动，促使自己加深对知识的理解和掌握，其实这也是提高听课效率的一种有效途径；要认真做课堂上老师布置的习题，以检测自己对知识的掌握程度；要善于记课堂笔记，不能因为要记笔记，就错过了老师的讲解，这样得不偿失，记笔记要记书本上没有的，可以趁老师板书的时候记，“听”始终是关键！

上课认真听讲的大敌，莫过于走神了。

造成走神的主要原因有两种：第一，对学习内容的意义认识不足，目的不明确，没有兴趣和责任心；第二，受到外界环境和身体内部很多因素的影响，环境原因有噪声、突发事件等，身体原因有疲劳、不舒服等。

自己属于走神的哪一种呢？大多数人属于第一种。首先，要静下心来想一想：我为什么要学习？我的人生目标是什么？当你真正明白学习的意义和目的之后，就会建立起学习的责任感，学习不再是别人给你的任务，而是你自己必须要完成的使命。接下来自己就要培养对学习的兴趣。兴趣包括直接兴趣和间接兴趣，直接兴趣是指对活动的内容和过程感兴趣；而间接兴趣是指对活动的过程和内容并不感兴趣，只对活动的目标和结果感兴趣，它与有意注意紧密相关。对于目前的教育现状来说，大多数学生对学习的兴趣属于间接兴趣。因此，在上课之前首先要认真思索学习相关课程的意义，以培养出对它们的间接兴趣来。下面是几种克服“走神”的办法：

（1）自我提示法。写几张小卡片，在上面写上“专心听讲”“不要走神”“少壮不努力，老大徒伤悲”等这样的句子，

然后把它们放到平时容易看见的地方，如铅笔盒里、写字台前的墙上，或者夹在课本里。这样，每当你想走神的时候，不管你是在听讲，还是在做作业或者复习，都能及时提醒自己：不要走神！

（2）情景想象法。无论多爱走神的男孩，在考试的时候还是能够比平常更集中精力，认真作答，以求自己能获得一个好成绩。因此，可以在每次做作业的时候想象自己是在参加一次很重要的考试，并要在规定的时间内完成，这样就可以使自己紧张起来，注意力自然就能够集中了。正如我国著名数学家杨乐所说："平时做作业像考试一样认真，考试就能像做作业一样轻松。"

（3）记录法。给自己准备一个小本，专用来记录走神的内容。比如，今天数学课上想昨天的足球比赛了，那就在本子上记录："数学课——足球赛——约一分半"……这样记录几次之后，你认真看一下自己的记录，就会发现自己的胡思乱想有多无聊，浪费了多少宝贵的时光。渐渐地，你会对走神越来越厌恶，记录在本子上的内容也会越来越少。相信不用多久，你的记录本上就会出现这样的话："我今天上课一直很认真，没有走神。"这样，你就是一个专心听讲的好学生了。

（4）自我奖惩法。每次写作业或者复习之前，给自己定个时间表。如果在规定时间内完成了学习任务，并且始终是专心致志的，那么就可以奖励一下自己：看会儿电视或是听会儿音乐；如果因为走神而没有按时完成学习任务，就惩罚一下自己，如干家务或者爬楼梯。长此以往，你就会为了得到奖励、避免惩罚而逐渐养成集中注意力的好习惯了。

除此之外，在学习时尽量找安静的地方，使自己不受外界干扰。另外，还要注意劳逸结合，列宁曾说过：“不会休息的人就不会工作。”坚持下去，就会发现自己的注意力越来越集中了，在课堂上能做到全神贯注了。

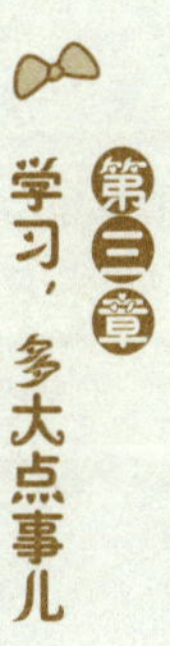

偏科怎么办

每次考试，我最发愁的就是数学了。

如果第二天要考数学的话，那前一天晚上我一定是在担心和恐惧中度过。

到底为什么担心和恐惧呢？

爸爸让我自己找答案，我想了想，找到了根本原因——因为数学总是拖后腿，数学考不好，整体成绩和排名都会下降很多。

我把这个答案告诉爸爸，爸爸很高兴，他说，我害怕数学考试是因为其他科目的成绩都很优秀，数学却不能取得理想的成绩，其根源就是偏科。

是啊，我的数学成绩确实很差，可这该怎么办呢？我怎么才能不偏科呢？

悄悄说给男孩听：

如果木桶上有一块木板是短的，它的蓄水量就会以短的这一根为准。学习也是同样的道理，所以，这就要求我们在学习的过程中要找出“最短的那块木板”是什么，集中精力和资源去解决这一薄弱环节，这样，学习的整体效能才能明显提高，甚至跃上一个新台阶。

妨碍我们在学习中发挥潜能的最大天敌往往不是机会不佳，而是我们的恐惧心理。比如你在某门课中有一两次成绩很低，就容易对这门课产生恐惧心理，在恐惧的支配下，就会逃避学这门课，从而无法发挥自己在这方面的潜能。日久天长，就会造成这门课的成绩越来越差，形成了偏科现象。

很多男孩往往也有一块学习中的“短板”，这严重影响着他们的学习。因为偏科就意味着他们在知识结构上有缺陷，在学科方面出现“跛腿”现象。这样不但会影响整体的学习成绩，而且会给以后的工作带来很大的不利。偏科还会影响其他学科的学习，因为各门学科是相互联系的，哪一门课薄弱都会影响整体的学习水平。在学习时，每个人身上都有许多潜能，有的人有音乐方面的潜能，有的人有美术方面的潜能。举例来说，好多害怕写作文的男孩往往一听到“写作”就害怕，总是在一开始就否定自己，认为自己不是写作的料，忽视自己的写作潜能。事实上，当你害怕做某事时，并不代表你就缺乏这方面的才能，而是你解决这方面问题的能力相对较弱。因此，这就要求我们在学习时，一定要重视学习中的“木桶原理”，缺什么，补什么。也就是强项、弱项一起抓，巩固自己的优势学科，逐步弥补自己的不足，加强对知识的融会贯通。

遇到考试就紧张

嘉嘉是我的同学，他平时学习成绩一直很优异，这让父母很高兴，但是让他们感到困扰的是，只要一考试，嘉嘉的成绩就会出现很大的波动，而且越是重要的考试波动得越厉害。当然，这种波动基本上是直线下降，而不是直线上升。

也因为这样，嘉嘉对考试很忧虑，而且越来越怕考试，临近考试的时候总是很紧张，头天晚上就失眠、心跳加速、双手颤抖，脑袋里不是乱糟糟一团，就是空荡荡一片。这样的状态大大影响了他的发挥，原本平时很容易就能解答的题，考试的时候就怎么也找不到思路。看着试卷是既陌生又熟悉，很多题都是嘉嘉平时做过的，或者复习过的，可是这时候却觉得那么陌生，根本想不起来应该怎么做。时间一分一秒地过去，可怎么也稳不住神，越来越着急，脑袋越来越发木，思路也就越来越乱套。

但等一走出考场，瞬间一切又都恢复了正常，考试时出现的那些试题统统都会做了，可一到考试的关键时刻，学过的知识点、解题方法就不知道跑到哪里去了。

悄悄说给男孩听：

考试焦虑普遍发生在很多青春期孩子身上，怕考试对他们来说是普遍的心理。但是，如果发展到像上面事例中的嘉嘉一样，那就已经很严重了，必须有针对性地加以调整和治疗。

所谓考试焦虑症，就是指面临强大的竞争压力，在考试前或者知道要考试的时候就会出现各种反应，比如，上课心不在焉，十分焦急，马上临考却仍然什么也记不住；烦躁不堪，见到任何事情都有发火的欲望；坐立不安，总觉得自己的每一个动作都是浪费时间；吃不好，睡不香，精神萎靡不振。符合以上任意一条的便是患上了考试焦虑症，并根据适用条数的多少而确定“病情”的轻重。这些症状会在考试结束后一切又都恢复正常。

这种考试焦虑的症状或多或少都会在每个青春期孩子身上出现，程度的轻重和每个人的心态、想法有着密切的关系。一般来说，好胜心强的青少年即使面对一般性的小型考试，也可能会忧心忡忡；而那些心态平和，或者缺乏上进心的学生，即使面对重大考试也依然淡定、坦然，其心理、生理反应并不显著。

美国心理学家耶克斯说：“焦虑本身毫无可怕之处，可怕的是我们对它的态度。”当一个人在考试前常常为出现的焦虑感到担心和恐惧时，其考试焦虑的症状就会加重。

考试固然重要，但是为什么会让一些青春期孩子如此害怕，以至于出现如此大的生理和心理反应呢？这是学习压力过大造成的。在这一过程中，老师和家长也有很大的责任，面对巨大的压力，如果不顾一切地给孩子施压，不仅不能提高其学习效率和成绩，反而会导致一系列的心理问题的发生，从而“弄巧成拙”。

下面的一些方法有助于青春期孩子缓解考试焦虑的症状：

1. 正确认识考试的作用和意义

考试就是一种检验和查漏补缺，是检验学习效果的一种手段。一次考试的成绩也并不能全面反映一个人的学习能力和知识水平，更不能决定一个人的前途和命运。所以，不要夸大考试的作用和结果，要以平和、积极的心态来面对考试。

2. 做足考试前的各项准备

很多时候害怕考试是因为没有做好充足的准备，因此心里没底，再加上人为地夸大考试的结果，从而产生焦虑。因此，要在平时努力学习，在考试前做好充分的准备，制订良好的学习计划，认真复习各门功课，做到心中有数；还要准备好各种考试用具，这虽然看似很不起眼，但是如果准备不齐全，就会弄得自己手忙脚乱，加重焦虑心理。

3. 给自己一些积极的暗示

暗示对心态的调节作用很明显，比如，比赛的时候告诉自己一定别犯规，那最后多半会犯规；上课的时候告诉自己一定别看窗外，那就一定忍不住老想看；演讲的时候告诉自己准备好了，一定能够赢，那一定能够让自己平静下来，至少不会发挥失常；这就是暗示的作用。面对考试也是一样，给自己一些积极的暗示，比如，“我准备好了”“该复习的重点我都复习了”……就能让心态平和很多，有利于考试的发挥。

4. 注意劳逸结合，让身心得到放松

如果在考试前还忙着记、背，忙着画重点，那考试多半考不好。考试考的是学习效果，也是心态。考前适度的游戏、娱乐不仅可以放松心情，还可以提高学习效率，它能使紧张的大脑平静下来，缓解大脑的缺氧状况，提高记忆力。比如，看漫画、听音乐、打球、聊天、唱歌、看电视等，都是放松心情的好方法。这些方法看似浪费时间，但对学习效果却大有裨益。当然，放松要适度，不能一味沉溺于这些娱乐活动中，那只会增加对即将到来的考试的焦虑情绪。

5. 冷静处理“怯场”

即使做到了前面的几条，也不能保证百分之百不会出现焦虑。有时候，在看到一道很难的题，或者平时做过的题可是考试时怎么也想不起答案的时候，紧张、焦虑就来了。这时候，应先让自己冷静下来，可以暂停阅卷、答卷，静静地伏在桌子上稍作休息，做几次均匀而有节奏的深呼吸，转移注意力，停止有关考试活动的强制性回忆；或者反复地自我暗示：“不要急”“放松、放松”，等情绪平稳后，再继续答卷。

不把分数当“隐私”

每次考试后回到家，如果成绩理想，我就会兴高采烈地告诉爸爸妈妈；如果成绩不好，那我就会小心翼翼地把成绩单藏起来，谁问我都会说：“这是我的隐私！”

可只要我说出这句话，爸爸妈妈就会我谈心。每次他们都是长篇大论，搞得我很烦。终于有一次，我的态度彻底激怒了爸爸，他声色俱厉：“有本事考出不是隐私的分数！老藏着算什么男子汉？”

爸爸的话让我猛然清醒。是啊，我一定要考出不再是“隐私”的分数，我不要每次被人问分数时都很不好意思。

悄悄说给男孩听：

最关心爱护孩子的人莫过于父母，最了解孩子品性的人也莫过于父母。自己的孩子在学习上能达到什么程度，大部分家长心里是清楚的。但是，每位家长都希望自己的孩子能有所进步，所以他们更关注孩子学习中的不稳定因素，即孩子的学习态度是否端正、孩子学习期间是否努力。如果家长在孩子身上看到了让他们满意的表现，同时又看到了孩子的点滴进步，就会非常欣慰，甚至比孩子自己还开心；而如果孩子即使努力学习了，却由于种种原因一时没有考好，明理、真正懂得爱护孩子的家长大都会掩藏自己的失望之情，反过来安慰和鼓励孩子，因为家长最不愿看到的就是孩子对学习失去兴趣和信心。

所以，男孩们，面对不理想的分数，没有必要隐瞒，甚至为此忐忑不安、食不知味，要和爸爸妈妈坦诚地交流，说出自己对考试失利的分析。爸爸妈妈会从你真诚的眼神中看到你以后更加努力学习的情景，会期待你下次的进步。

从某种程度上说，我们现在的教育制度过于僵化，父母期望子女出人头地、成龙成凤的心理，以及偏重功利主义的价值观，给青少年们带来了沉重的心理压力，而这种压力最大的来源就是考试成绩。有调查显示，我国60%以上的学生感觉分数对他们的压力很大，而这种压力导致青少年精神病患的比例正呈现大幅度增长的趋势。

然而，学习、成绩、分数真的有那么可怕吗？如果来自分数的压力真的太大，又该如何进行调节呢？

1. 转变为分数而学习的观点，尝试着从学习中找到快乐

虽然我国大力提倡素质教育已有很多年，但实际实行的还是分数论输赢的应试教育。在这种考试制度短期内不会改变的大环境下，青少年可以通过调节自身的心理来适应这种客观条件。其实，学习可以是一种快乐。学习，是在增长知识的同时，真正地全面提升自己，加强自己的思考、分析与判断能力，获得心与心之间的沟通与交流。尝试着不再把学习当作一种手段，也不要把学习当成工具。多想想你在学习的过程中收获了什么？这种成就感一定能带给你快乐。

2. 客观认识分数

对待分数，要有客观的认识，不要因为一次考试成绩不好就认定自己以后没有前途。同时要克服虚荣心，不要把成绩当成同学之间互相攀比的筹码。

当今社会，是一个需要具备综合素质人才的时代，是一个倡导以人为本的时代。得多少分，成绩排在第几位，是我们无法完全把握的，但是，发展和提高自身的能力，热爱学习，从学习和活动中得到快乐却是我们可以选择的。

男孩逃课并不“帅”

最近，我们班总是有人逃课。看着他们在外边痛快地玩，我的心也很痒，也想逃课跟他们一起去玩。在我心里，逃课，这是很帅的一个举动。

在做了很久的思想斗争以后，我终于实现了自己这个小小的“愿望”。在周末的补习班里，我没有去上能杀死无数个脑细胞的数学课，而是去了新开的滑冰场，跟好朋友们一起滑冰了。虽然我花掉了自己的“小金库”，但是滑冰时那种飞起来的感觉还是让我觉得很过瘾。

可是，好景不长，在我准备第二次逃课去滑冰的时候，被爸爸发现了。

悄悄说给男孩听：

对青春期的男孩子来说，逃课是很刺激的事情。尤其是当有人带头的时候，他们总会跃跃欲试，甚至有时候连平时最老实的男孩子也会蠢蠢欲动。这一方面表明了学业压力的繁重，让孩子们有想逃离的想法；另一方面充分体现了青春期男孩子叛逆的性格特点。

逃课，与其说是向往自由，不如说是享受那种和老师、家长对抗的感觉。对青春期的孩子来说，任何套在他们身上的条条框框都是他们想冲破的，都是他们借以反抗家长和老师的绝佳理由。所以，他们不断地用这种叛逆来表明自己的独立和成长，告诉大人们，他们是有自己的想法的，他们不受任何人的摆布。

逃课不过是青春期男孩子的“得意之举”之一，这在很多国家都普遍存在，国际教育界已把逃课列为中学生的“三大病症”之一。

那么，除了上面说到的原因之外，青春期男孩逃课还有哪些因素呢？

首先，逃课表明青春期孩子的学习态度不端正。由于他们没有树立正确的人生观和价值观，缺乏远大的理想和抱负，总是持着一种混日子的态度在学习，因此，对学习没有兴趣和动力，往往利用逃课的时间干自己喜欢的事情。

其次，对某门课程实在不感兴趣。有的孩子是什么课都逃，那肯定是因为他从来都不想学习；而有的孩子是对自己不感兴趣的课才逃，从这一点上来说，至少说明他们是有选择的，只是因为缺乏兴趣，即使人在课堂，心也不知在想什么，学习效果自然不好。

再次，有些学生逃课是为了上网、玩游戏。青春期的孩子自制力较弱，好奇心强，尚未形成较为成熟的是非观，难以抵御网络虚拟世界的诱惑，易沉迷于网络。一旦深陷其中，就会不管不顾，逃学也就成了必然。

最后，有的孩子会因为不喜欢某课程的任课老师，而干脆选择逃课。

如果从客观的角度来看，导致学生逃课的客观原因还有几点，比如：有的老师讲课枯燥无味、乏善可陈、生搬硬套、照本宣科，完全没有任何教课的艺术性，学生听得没有意思，甚至会觉得还不如自己看书效果好，因此，缺乏上课的积极性。

还比如，有的老师讲课方式落后。一支粉笔、一本讲稿、一块黑板，方式单一，知识老化，难以激起学生的兴趣。

另外，不容忽视的一点是，有些学校对学生的管理监督力度不够，使得学生有机可乘，或者即使抓住逃课者，也只是让其简单地写份检查了事，这让一些学生变得肆无忌惮。还有就是学校课外活动不丰富，或者干脆取消课外活动课，使学生感到身心疲惫，觉得学校生活枯燥乏味。

要解决青春期男孩逃课的问题，需要从以下几点入手：

首先，端正自己的学习态度。学习不是为别人，不是为父母，而是为了自己，为自己的将来打基础。可以毫不夸张地说，如果中学时的学习基础打不好，那你的人生大厦也高不了、稳固不了，所以，着眼于自己的未来，要端正学习态度。

其次，提高自己的思想认识。每个人在不同的阶段都归属于一定的团体和组织，那首先需要做的就是遵守必要的规章制度，加强纪律性，这是最起码的要求。

最后，加强学习动机的培养。只有正确的学习动机，才能将压力转化为学习的动力，变“要我学”为“我要学”。要树立正确的人生观、价值观，把个人的目标与国家、集体的目标统一起来。只有这样，才能激发学生的学习热情。

逃课从表面看是一个学生对学业的态度问题，实际上是学生的个体性格、教师教学、学校管理、社会环境等因素综合作用的结果。

书读得多了，成绩自然就好了

我去希希家做客，看到他的课桌上有个非常精致的记事本。上面写着“小说”“历史故事”“人物传记”“漫画书”等字。我很疑惑，就问希希这是怎么回事。希希说，他从小就养成了一个良好的习惯，不仅爱好看书，还喜欢把自己看过的每一本书都分门别类地记下来，其中包括书名、作者、出版日期、出版社、于哪年哪月看完等。当他读到自己最喜欢的一本书时，会做上特别的记号，推荐给其他的同学，甚至还会写下自己的读后感，与同学们交流。

听到这里，我想起了希希平时给我推荐的那些好书，边看书边做笔记可真是一个好习惯。我还要向他多取点经，问他还有什么办法能帮助阅读。

希希说，他会把同学向他推荐的书名记录下来，等有时间的时候再看，同时也会为自己拟一个看书计划。因为爱好读书，希希阅读过的书籍范围特别广，古今中外都有所涉及，既有科普知识类、文学类，又有人物传记类、卡通漫画类。

看着希希的记事本，我仿佛找到了一个大门，一个通往知识国度的大门。

悄悄说给男孩听：

多阅读，读好书，自然眼界就会开阔，知识面就会拓宽。给自己列一张书单吧。一张薄薄的书单是青少年的精神财富，它记录的不仅是阅读量的多少，更是塑造青少年人生观、价值观、世界观的一种体现。一个人在青少年时期看什么样的书、读书在他的生活中占什么样的地位，往往能决定他今后的精神生活是否丰富多彩，并与其对生活的感悟和态度、对人生的理解有着密切的联系。

但青少年不要把长长的书单看成是向别人炫耀的资本，那不是我们列书单的本意，每本书名的背后应该是我们阅读后的一些思考和评价，是对我们的心灵的一些触动。青少年与作者对话、与书中的人物进行对话，当我们遭到困难和挫折时，还能想到我们曾经读过的书，那张书单就是我们战胜自我的精神动力所在。

青少年们，从现在开始，为自己列一个书单吧！写下那些将伴你一路成长的好书。让我们在自己的精神世界里，慢慢体会读书带来的快乐。

第四章

关于交朋友的一些事儿

青春期是一个特别需要友情的时期。在青春期，朋友的意义也被放大了很多。青春期，肆意张扬、朝气蓬勃，可如果没有朋友的分享，就会很乏味。但是，青春期的个性和冲动，又让青春期的友情布满危机。我们该如何化解这些危机呢？

青春期男孩这样选择朋友

妈妈总是告诉我，不要乱交朋友，交朋友也要找和自己脾气相合的人，不能交坏朋友，对此我总是毫不在乎。我觉得妈妈很多时候都太大惊小怪了，有点太唠叨。可是，最近发生的一件事情彻底改变了我的看法。

大骏是我的邻居，他原本是一个很规矩的男孩，但自从与班上出了名的“问题学生”——田晓交上朋友后，大骏的生活就发生了变化。放学回家，两个人原本不同路，但他俩经常同出同进，还经常到网吧玩游戏。半个学期下来，到期中考试时，大骏的语文勉强及格，数学、英语都不及格。后来大骏竟然发展到偷家里的钱去外面挥霍，他还在田晓的指使下偷了班上一个同学几十元饭钱，并在网吧挥霍一空。后来，大骏又在田晓的介绍下认识了几个校外的不良少年，他渐渐地开始逃课，成为小混混中的一员。后来，他因为参与团体抢劫，被送进了少管所。

悄悄说给男孩听：

“别和那些坏孩子一起玩！”这是父母常常告诫孩子的话。

这话是有一定道理的，正所谓“近朱者赤，近墨者黑”，和“好人”交朋友就能从其身上学到好的品质和行为，和“坏人”交朋友也会受其不良影响和感染。

或许有人会说，对事物的变化起决定性作用的是内因而不是外因，但是对青春期男孩来说，其人生观、价值观、世界观都还处在变动之中，心智、心态还不成熟，对事物的判断缺乏理性的认识，所以很容易受到别人的影响。而且，青春期男孩的自控能力比较薄弱，很容易在错误的道路上越走越远。

鉴于此，青春期男孩在交朋友时只有特别注意择友，才能找到真正可交之人。

《孟子·万章下》中，万章问曰：“敢问友。”孟子曰：“不挟长，不挟贵，不挟兄弟而友。友也者，友其德也，不可以有挟也。”孟子认为，交友要看重品德，不能够依仗自己年纪大，自己地位高，或是兄弟有什么样的成就去交往，更不应该为了谋取地位、利益去交友。交朋友，交的是品德，交朋友的目的应该是通过向朋友学习以提高自己的品德修养。

择友主要有以下几条原则：

1. 品德为先

品德是立身之本，只有品德良好才能取信于人，赢得别人的尊重。因此，择友要先看对方的品德。

2. 志同道合

毕竟志不同道不合的人是很难找到共同语言的，彼此的友谊可能永远只是温水一壶，不冷不热。人类普遍存在着一种“趋同”的心理现象，有一个心理学实验说明了这个现象。心理学家让十几个素不相识的人待在一间屋子里，不让其与外界交往，只让他们彼此相处。几天后发现，有共同爱好和追求的人大都成了朋友，而没有共同爱好和追求的人则形同路人。

3. 不要追求十全十美的朋友

不可否认，对青春期男孩来说，几乎每个人都希望交到具有共同志向、兴趣，有优良品德，能以心相见、真诚相待，诚实、可靠、正直，具有广博的学识，在某一方面强于自己的朋友。

但现实生活中，同时具备以上几种条件的理想的人是很少的。因此，对于择友，青春期男孩不宜追求十全十美，否则就难以交到朋友。

4. 朋友应是多层次、全方位的

青春期男孩择友时不要范围太狭小，要结交多种类型的朋友，以求得自己各方面的进步，从而为自己的发展和个性的完善创造良好的外部条件。

5. 要保持灵活性与原则性的有机结合

既要坚持应有的择友原则，选择最亲密的、值得交往的朋友，也要考虑与不同的人建立层次不同的伙伴关系，但绝不要滥竽充数，不加选择地接纳。

6. 珍惜友谊

相交容易相处难，朋友之间的情谊是需要不断培养和增进的。青春期男孩不管在什么时候，都要与人为善，珍惜友谊，要明白：好朋友是自己人生中一笔重要的财富！

被同学排挤怎么办

每个班上都有几个同学会因为某些原因而被排挤，有的是因为学习好，有的是因为容貌出众，还有的是因为各方面太优秀。当然，我们班也有一个。

培培的家庭条件很一般，班里的活动他基本上都不参加。他每天都要跑很远的路来上学，上课老是睡觉，成绩也不太好。因此，他和同学的交流越来越少，好像游离于班级之外。

有一天，我们去上体育课，体育老师让培培和我们一起组队踢球，然后就听到培培说：“老师，他们都不喜欢我，都排挤我。”体育老师很纳闷他会这么说，但是，他的话体育老师也不好反驳。

后来体育老师把这件事情告诉我们班主任了，班主任找我们很多人了解情况。我们告诉班主任，我们没有排挤他，但也不知道从什么时候开始他就游离于我们之外了。班主任给我们讲了好多让我们搞好团结的话，并让我们想想，我们如果被排挤了该怎么办？是啊，我要被同学排挤了该怎么办呢？

悄悄说给男孩听：

人缘好的人，说话有人听，办事有人帮，走到哪里都有朋友，显得十分的友好亲切，自己也会感到轻松愉快，做事效率也高；而人缘不好的人，形单影只，孤家寡人，他对别人冷淡，别人对他的态度也漠然，与谁都格格不入，到哪里都不受欢迎，而他自己因为感觉总是处在一个紧张、沉闷的环境中，可能会导致心理、生理疾病的发生。

如果在与人相处的过程中发现有矛盾，首先应该多分析一下自己的原因。

（1）多观察别人。如果有人对你有意见，是否是因为你过于优秀而使他产生了自卑感进而对你敬而远之。

（2）多反思自己。自己是否在平时与人相处的时候总是沾沾自喜、目中无人，是否经常会盛气凌人，是否容易在一些小节方面得罪别人，是否有很多的缺点和不足。

不管是因为自己的原因还是由于别人的误解，既然已经在与人交往的过程中出现了困难，要想解决这个问题，就应该想办法缩短与别人的心理距离，达到彼此相容。具体说来应注意以下几点：

（1）敞开心扉。要能够开诚布公，使别人了解你、认识你，达到情感交流的目的。向别人敞开心扉要比自我封闭更能使自己感到满足，大家都喜欢坦诚的人。在与人相处的过程中发挥自己最大的能量，互通有无，使人信服，以调动大家的积极性。

（2）注意加强个人修养。在为人处世中，不要处处争强好胜，要以和为贵，处事大度，与人为善，心胸坦荡；更不要怕闲言碎语，要能够谅解他人，不虚伪自私；更不应该有报复猜疑的心理；必要的礼貌与适当的控制有助于解除误会，假如你能够宽容别人的过失，就会使其更愧疚、悔过，便会以加倍的友好去弥补自己的失误。

（3）等距离交流。应该对每位同学都热情相待，态度真诚谦让，主动大方。不要只与某位同学关系太过密切，形影不离，这样易给人造成错觉：他们是好友，我们知趣些。这样你虽然得到一个陪伴，却失掉了众多能够帮助你的人。然而，等距离交流并不是要讨好每一个人，更不是不讲原则地做老好人。

外号伤了你的自尊

我因为比较瘦，身手还算灵敏，同学们便经常叫我“小猴子”，可是我并不喜欢这个外号。壮壮很壮实，大家就叫他“大肚皮”，可每次别人叫他，他也很不高兴。还有希希，因为早早就戴上了眼睛，有的调皮学生就叫他“小眼镜”，当然，这个外号希希也很不喜欢……这样的外号还有很多，对这些外号，只有你想不到，没有同学们想不到的。可是被起外号的人都不喜欢，我们该怎么应对这类事呢？

悄悄说给男孩听：

绰号一般又称外号、诨号，是周围的人根据某人的特征、特点或体型给他另起的非正式名字，以表示亲昵、开玩笑、憎恶或嘲弄的意味。所以，一般的男孩子也不会在意绰号，还会因此更了解自己、了解他人。同学之间喊绰号本是很正常的事情，有的同学出于好玩或愚弄喜欢喊别人的绰号，正确运用“绰号”这一游戏还会拉近彼此的距离。但是，青春期的男孩子是非常敏感的，对于同学喊绰号有时会很反感。

一般来说，处于青春期的男孩子对别人说自己胖、矮、小眼睛比较介意。因为随着青春期的到来，他们会慢慢在意起自己在他人眼中的形象，男孩子们当然就会讨厌人们指出这些负面的特征。

男孩子要了解，同学之间相互喊绰号是很正常的，没有恶意，如果你觉得不舒服可以直接告诉他们。不要因为同学的玩笑话就感到自卑，要坦然面对自己、接受自己。其实，一个人的魅力和他的长相关系甚微，对于男孩来说更是如此。伟大的人格和良好的品行才是最重要的，所以对于绰号里反映的自身的特点，也无须挂在心上。同学之间的友谊才是重要的，不要因为这些小事就心生怨恨，男子汉要学会宽以待人，这样才会弥补自己的不足，成为大家喜欢的人。

能不能讲哥们儿义气

我看电视上经常有一些男孩因讲江湖义气而闯祸，就暗暗告诫自己，不能讲哥们儿义气去做违法的事情，不能因为年少无知而犯不能被原谅的错误。

道理谁都懂，可是，如果我们的好朋友受到不公正的对待，我们也常常想联起手来去对付别人。比如，有一次，晨晨在做课间操的时候一不小心碰到了邻班的“小霸王”，对方就找来几个人要打他，我们连忙上前去帮他解围，要不是老师及时赶到，估计我们两个班的男生就打起来了。后来老师专门开班会教育我们，让我们不要讲哥们儿义气。

悄悄说给男孩听：

在影视剧里面，人们经常见到那些为了朋友不惜上刀山下火海的人，现实生活中的男孩子们又往往误认为那样就是英雄好汉，于是，自己也开始在身边的朋友圈中拉帮结派，于是“哥们儿义气”也便盛行开来。

确实，“义气”在历史上也曾一次次被传为佳话，如刘关张的桃园结义，为了结拜兄弟情愿肝脑涂地。又如梁山好汉，他们现在似乎成了义气的代名词。但那毕竟是在古代，并且是在一个战火纷飞的年代。而今天的男孩子一旦与意气相投的朋友在一起，就往往有意识地将自己与和自己意见不同的其他人对立起来，稍微受到外界的影响便容易将矛盾放大，进而以打击报复的方式来彰显自己所谓的“义气”。可结果呢，往往是伤害了别人也耽误了自己。

正处在青春期的男孩子们容易躁动，遇到同学间可能出现的各种矛盾，一定要冷静处理。多站在别人的立场上考虑，不要轻易将对方搁置在对立面上，这样不但不利于矛盾的解决，反而容易激化矛盾。如果一心只想着帮圈子里的哥们儿，把黑社会的帮派气息带进学校，就会破坏学校良好的氛围。

作为容易冲动的小男子汉，不要将自己锁定在某一个小圈子里面，身边的所有同学都有优秀的一面，都有值得自己学习的地方，自己也有需要别人帮助的时候。因此，不要轻易排斥他人，要学会理解他人、关爱他人，这样自己身边的朋友就会多很多，不管对人还是对己都是大有裨益的。

总之，青春期的男孩们遇事要冷静，多理性地想想，不要因讲哥们儿义气而丢掉了做事的原则。

青春期男孩的孤独

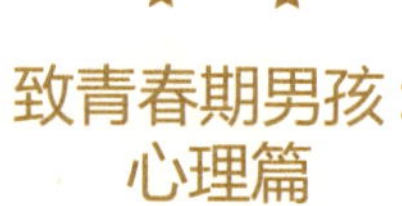

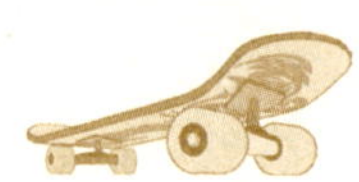

表弟小峰最近刚上初中就遇到了一件烦心事。原本活泼开朗的小峰在进入初中后突然变得沉默起来，每天都是一副心事重重的样子。他妈妈以为小峰生病了，可是小峰说自己根本没有生病，只是不愿意和同学来往罢了。让大家不明白的是，十几岁的孩子正是能玩能闹的时候，每到周末，院里的孩子都是三五成群地一起玩，可是小峰却总是不能融入其中。一天晚饭后，他妈妈和小峰聊天，小峰告诉妈妈，自己觉得那些同学和朋友都不了解自己，都不知道他心里在想些什么。课间休息时，别的同学都在玩，其实他也想玩，但是总感觉和他们玩不到一块，根本找不到知心朋友。班级举行集体活动，他也不想参加，即使参加，也是出于无奈。回到家，他大部分时间都是把自己关在房间里看书，想心事，写日记。

悄悄说给男孩听：

小峰的这种情况是青春期孤独的一种表现，想要融入集体、参加集体活动，但是找不到合适的方式加入，只好无奈地选择孤立一旁，要么就是觉得和同学、朋友的想法很难获得一致，于是干脆减少和他们的交往。

导致青春期男孩孤僻的原因有很多，例如，从小缺少家庭的关爱，家长常常因为工作繁忙和心情不佳而很少关注孩子的需求，忽视孩子对温暖、亲情、关怀的渴望，久而久之，孩子很容易形成一种防卫心理，即与人接触时会不由自主地产生厌烦、发怵、猜疑和戒备，最终形成孤僻的性格。

又如孩子自身性格内向，不善于也不愿意与人过多地接触，总是沉浸在自己的世界里；随着自我意识的增强，其心理上常会出现一种动荡不安的感觉，他们希望了解别人，更希望别人也能了解自己，希望得到别人的理解和友谊，但又害怕得不到。这种认识上的不协调，使他们常常会感到“没有一个人了解我”。这种心理如果得不到及时的疏导，就可能会导致他们孤僻的性格。

人是需要交往的，交往能使生活更精彩，使身心更愉悦。对青春期的孩子来说，交往对其成长发育、性格形成是很有好处的。因此，青春期孩子必须从孤僻中走出来，融入集体之中，汲

取集体的丰富营养。

要走出青春期的孤独，可以参考以下几点：

1. 培养广泛的兴趣爱好

孤僻的孩子往往缺乏兴趣爱好，也就很难融入别人的游戏之中去。培养广泛的兴趣爱好，可以增加和别人交往的接触点，就为融入集体多开了一个窗口。

2. 多参加集体活动

集体活动包括和邻居孩子一起做作业、班级统一组织的文体活动、同学生日会等。通过参加集体活动，可以体会同学间的友谊和关爱，分享大家庭的温暖。

3. 健全自身的品格

一个品质好、能力强或具有某些特长的人更容易受到人们的喜爱。所以，青春期男孩要想增强人际吸引力，能更友好、更融洽地与他人相处，首先应该充分健全自己的品格，施展自己的才华，让自身能力不断提高。

4. 主动付出

友谊是相互的，青春期男孩希望从别人那里得到什么，就要先主动对别人付出什么。此外，懂得分享也是拉近和别人之间关系的好方法。

5. 多看别人的优点

人无完人，但是每个人都有自己的长处，要多看别人的长处，主动喜欢别人，当你喜欢别人时，别人会接纳你；当你不喜欢别人时，别人也会不喜欢你。

6. 尊重别人

青春期男孩的不成熟就体现在很多时候太在意自己的感受而忽略别人的感受，导致别人处于尴尬的境地，虽然有时候是无心之过，但是也会给对方带来伤害。学会尊重别人，学会站在别人的角度来考虑问题，是赢得别人好感的前提。

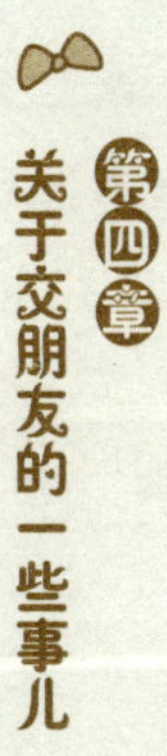

不要排斥集体生活

假期到了，我和同学们一起参加了夏令营。活动很美好，现实却很残酷，问题出在了哪里呢？

在夏令营中，我们八个人住一个宿舍，这对我们这些都不喜欢跟人同住的人来说，简直是受罪。

大家的生活习惯都不一样，有的人习惯早睡，有的人喜欢晚睡，有的人睡觉的时候需要一点光亮都没有，大家的习惯不一样，相处起来就多了很多矛盾。

有一次，晚上熄灯了，我们几个人悄悄地说话，聊聊白天有趣的事情，可是同宿舍的一个男生就不让我们说话，他说他睡觉需要安静，我们只好作罢。

可是睡不着啊，于是我们几个人躲在一个蚊帐里看书，刚才那个男生又不乐意了，说我们有动静，还是打扰了他休息。

看他这样，我们彻底无奈了。

这让我们怎么办呢?

这人怎么这么矫情呢?

大家最后就用耳机听音乐，但这样还是不行，他说还是有声音。我们当时都要气炸了，要不是班长一个劲地说要团结，估计我们就不会顾及他的感受，想干什么干什么了。

还真是什么人都有，真是气死人了!

悄悄说给男孩听:

一个人刚刚开始集体生活时，与别人有矛盾很正常，此时就不能太在意。当大家在一起生活的时候，应该懂得适度的理解和包容，只有这样，才可以愉快地相处。

人们总在感叹为什么自己的付出没有得到等量的回报，实际上并不是你的付出不够多，而是你忽略了与别人合作。合作往往能产生令人意想不到的结果，而这一点却总是被人们忽略。

三个和尚在一座破庙里相遇。

“这庙为什么荒废了?”不知是谁提出了问题。

“必是和尚不虔诚，所以菩萨不灵。”甲和尚说。

“必是和尚不勤，所以庙产不修。”乙和尚说。

“必是和尚不敬，所以香客不多。”丙和尚说。

三人争执不下，最后决定留下来各尽所能，看看谁能最成功。

于是甲和尚礼佛念经，乙和尚整理庙务，丙和尚化缘讲经。果然香火渐盛，原来破败的庙宇也恢复了昔日的辉煌。

“都因我礼佛虔心，所以菩萨显灵。”甲和尚说。

“都因我勤加管理，所以庙务周全。”乙和尚说。

“都因我劝世奔走，所以香客众多。”丙和尚说。

三人日夜争论不休，庙里的盛况又逐渐消失了。这时大家一眼就能看出，庙宇香火渐盛的原因，正是他们三个人的合作。可惜的是，到最后，三人即使分道扬镳也没有明白这个简单的道理。

要知道，作为社会中的一员，谁也不能总是单独行动，有些事情靠一个人的力量是无法完成的，因为每个人的能力总是有限的。

有些人精力旺盛，认为没有自己做不到的事。其实，即使精力再充沛，个人的能力也还是有一个限度的。超过这个限度，就是人所不能及的，也就是你的短处了。每个人都有自己的长处，同时也有自己的不足，这就需要与人合作，用他人之长补己之短，所以要养成与人合作的习惯。

开始有所人际交往的青少年需要明白：合作才能共赢，合作也是通往成功的一条捷径。

所以，即使不适应群体生活，也要努力让自己尽快适应，不要因为别人的错误就拒绝让自己融入集体。

别人误解我，该怎么办

班级组织春游，可是我感冒了，但一年一次的春游我又不想错过，于是就吃了感冒药，妈妈还用保温杯给我带了一大杯热水，让我路上喝。春游那天有点冷，热水就成了香饽饽，好多同学都想喝点热水暖身子。

大家都在找热水，只有我一个人有，可是我并没有给大家喝。好多人都不理解，觉得我太小气，其实我是怕传染给大家病毒。我这么跟大家解释大家也不相信，觉得我在撒谎。

我该怎么办呢？

悄悄说给男孩听：

青春期里的男孩子是最朝气蓬勃的，是最敢作敢当、无畏无惧的，也是敏感多思的。青春期的男孩子会特别在意别人对自己的看法，担心自己哪点做得不好会被人误解。

误解是指认识与对方的不一致，由于认识上的错误导致意思表达与内心意志不一致。而人们之间的误解是彼此理解的偏差，被误解就是被别人错误地理解，这种错误的理解还有可能导致隔膜。

青春期的男孩子是非常敏感的，他们渴望被理解，又害怕被误解，而这种误解又常常发生。青春期的男孩子常见的误解可以分为同性之间的误解和异性之间的误解。一般来说，同性之间的误解比较容易化解，而异性之间的误解则不容易。因为，到了青春期，男孩子和女孩子都很敏感，一旦产生误解，女孩子往往拒绝沟通，男孩子便会显得手足无措。

在学习和生活中，和同学、老师等打交道时，产生误解是很正常的。如果青春期的男孩子被误解了，不要因此心事重重，出现“完了”的状况；不要对谁都置之不理；不要先抱怨别人，要先反思一下自己哪儿做得不够好，然后再真诚地向别人解释清楚，或者用自己的实际行动改变自己的形象，让别人了解到真实的自己。

洛克菲勒曾说过：“假如人际沟通的能力也是同糖或咖啡一样的商品的话，我愿意付出比太阳底下任何东西都珍贵的价格购买这种能力。”所以，学会和他人沟通是很有必要的，青春期的男孩子一定要学些沟通的技巧，让沟通成为一种享受。

不过，青春期里的男孩子一般不会遇到什么很深得不可化解的误解，在最纯真的青春期里，拿出一颗真心，真诚地对待每一个人，就不会有什么不可化解的矛盾。

和同学玩恶作剧要有分寸

班里总有人喜欢玩恶作剧，有的时候，我们都觉得很过分。特别是有的男生总是揭别人的短，看到什么问题就会不顾及别人的感受想说就说，让别人很没面子。而且如果当事人生气了，搞恶作剧的人还会说对方太小气了，这点事情还介意，好像无论如何他们都有理。我也很不喜欢这种恶作剧，但制止对方可能会引起对方的攻击，不制止吧，他们又会越来越过分。面对恶作剧，到底应该怎么办呢？

悄悄说给男孩听：

有些玩笑能开，有些玩笑不能开，还有，开玩笑一定要适度。开玩笑确实能给生活增添欢乐，这一点是值得肯定的，但是不管什么事情，都应该有个度才行。生活不能没有玩笑，没有玩笑的生活是乏味的。

生活中到处都是笑料，而玩笑正是生活乐趣的一种折射。在紧张的学习之余，同学们三五成群地聚集在一起，或以幽默的语言使人捧腹，或以诙谐的语言令人发笑，或以滑稽的动作使人开怀。

开玩笑，无疑也是一种调节情绪和放松精神的有效手段。在学习之余，大家说说笑笑，能使高度紧张的神经松弛下来，一句话便能使大家笑得前俯后仰。

开玩笑还可以增进朋友间的关系，融洽感情，拉近距离，使人得到精神上的快慰。如果周围有一些性情开朗、性格乐观的朋友，并且善于开玩笑，你就会感到与他们在一起心情很舒畅。不过，玩笑毕竟是玩笑，有些玩笑是开不得的。在开玩笑的时候要注意“六要”与“二不要”。

1. 六要

（1）要笑得有趣，玩笑的内容要健康。开玩笑不仅是为了松弛一下神经，而且要能够做到让人在不知不觉的发笑中获得启迪，增长见识，增进团结，互相激励。如果玩笑的内容庸俗，即使能够引人发笑，这种玩笑的格调也不高，也难以使人从心底发出笑声来。

（2）要笑得自然，看准对象。无论任何人都有自己的个性，有的人天生就是乐天派，爱开玩笑；有的人性格孤僻，从来都是少言寡语；有的人高兴的时候怎么着都行，而情绪低落的时候却听不得半句玩笑话。如果不管三七二十一，一律对待的话，就会闹得不欢而散。

（3）要看时机。有的人平时也与人相互开玩笑、逗乐，但是当他在苦闷、烦恼或者是不幸的时候，一样需要同情、理解和安慰。如果我们不顾及别人的需要，一样像平时那样的打趣、逗闹，可能会闹得双方不愉快，甚至发生争吵。

（4）要看场合。不可以不分时间、地点，完全凭兴致到处开玩笑。例如，别人在聚精会神地思考问题，就不要去打扰，否则会打断别人的思路；在严肃的场合应该保持肃静，绝对不要去开玩笑。

（5）要有分寸。你碰我一下，我推你一下，这种玩笑虽说无可厚非，但是如果逐步升级，你撞我一下，我就一定要打你一拳，你踢我一脚，我也一定要回敬你一脚，不占便宜绝对不罢休。如果是这样的玩笑，迟早会酿成悲剧。

（6）要语言妥当。不能以庸俗低级的言语来换取廉价的笑，不要以带有挑战性的、侮辱人格的话来占别人的便宜。应该通过自己良好的语言素养，使别人在笑声中陶冶情操，得到美的享受。

2. 二不要

（1）不要“恶作剧”。开玩笑应该以风趣地说笑、和谐地戏谑为前提，而不应该搞“恶作剧”。如吹牛皮式的玩笑，以别人生理缺陷为话题的玩笑，揭别人短的玩笑，这都是玩笑中的

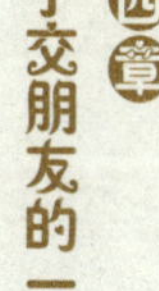

败笔。

（2）不要在吃饭的时候开玩笑。因为在吃饭的时候如果引人发笑，不仅有碍卫生，而且很容易因发笑而将食物吸入气管，甚至有可能造成因食物堵塞而窒息猝死的严重后果。

面对“校园霸王”该怎么办

12岁的丁丁所在的学校里有个叫大志的“小霸王”，留过两次级，比班里同学都高大，总找碴儿抢同学的钱、和同学打架，专门欺负弱小的同学和新同学。有一天放学后，丁丁就被大志给拦住了，他往丁丁面前一站说：“喂，借我100块钱花花，怎么样？”丁丁有些害怕了：“我没有钱。”“没有钱就回家去取！明天不把钱交给我，就叫你尝尝我的厉害！”大志说着，狠狠地在丁丁的肩膀上捶了一拳。

丁丁回到家，哭着把这件事告诉了爸爸。爸爸说：“对待欺负你的人，你越软弱就越会受他欺负。最好的办法是不要怕他，既要勇于谴责和抵抗，又要诚心地帮他改正错误。”丁丁认真地点了点头。

第二天，当大志又来找丁丁要钱的时候，丁丁鼓起勇气大声地对他说：“我又不欠你的，凭什么给你钱？你要是再这么霸道，我们就一起去老师办公室评评理！”听到丁丁的声音，旁边好多同学都围上来，他们平时都受过大志的欺负，早就对他不满，见丁丁这么勇敢，就纷纷过来支持他。大志一看形势对他不利，很心虚，只得放过了丁丁，嘴里却还发狠地说：“好小子，下次你等着瞧！”

后来丁丁了解到大志的身世。大志父母离了婚，都不在他的身边，他只好和年事已高的奶奶一起过。奶奶身体不好，不能给大志辅导功课，也没有人和他玩，所以他脾气暴，不讲理。丁丁想，大志一定也很想和大家一起玩，只是大家都不接受他。

一天中午，丁丁看见大志独自在操场上打篮球，一连投进了很多球，不禁为他喝起彩来，大志一看有人为他喝彩，心里十分得意。丁丁走上前说：“你打得真好，不知可不可以教教我？”“小子，你还真有眼光！”大志更得意了，早忘了那天的不快。从此丁丁每天和大志学打球，还抽空帮大志补习功课，他俩居然成了一对好朋友。渐渐地，在丁丁的帮助下，大志不但学习有了很大进步，而且还改掉了欺负人的毛病，有了更多的朋友，对此他十分感谢丁丁。

悄悄说给男孩听：

面对“小霸王”，首先要不怕他，勇敢地应对，可大声呼喊同学和老师寻求帮助，要随机应变，不轻易妥协。但要以人身安全为准则，在寻求解脱困境不成时，可以把钱给对方，最重要的是记住对方的特征，事后向老师、家长报告。要意识到，报告老师、家长并不是什么怯懦的行为，而是一种勇敢而得体的形式。

如果你所遇到的“校园霸王”是熟悉的同学或平常经常接触的同学，在事后应设法了解对方的性格和家庭情况，努力地发掘并赞扬他的优点，把握自己的原则，不卑不亢地与他相处，帮助他，这样可以为你赢得一个朋友。毕竟许多学坏的同学本性都是善良的，只是因为受了某些因素影响而暂时误入歧途。当然，首先要保证对方处在学校、社会的教育控制之下，如果对方被利益冲昏了头脑，且已不顾一切行为的后果，则应坚决地把这样的人交由老师、警察处理。

这里有一些方法能够教你如何正确面对校园暴力：

（1）上学、放学时最好与同学们结伴而行，遇到危险时要团结一致、互相帮助。

（2）不随意花钱，不张扬用钱，在培养勤勉、节俭美德的同时，淡化勒索者的注意力，避免恶少纠缠。

（3）处于险境，紧急求援。当自己无法摆脱坏人的挑衅、纠缠、侮辱和围困时，立即通过呼喊、打电话、递条子等适当办法发出信号，以求民警、解放军、老师、家长及群众前来解救。

（4）千万不要跟对方“私了”，不要私下一个人赴“恶少”的“约会”，以免受到他们的伤害或长期欺压、纠缠。

面对校园“小霸王”，不要硬碰硬，这样往往容易使自己吃亏甚至受伤。面对校园暴力，要不卑不亢，机智应对。即使自己真的应付不了，那也不是自己的错，不需要隐瞒，而要在事后及时地寻求家长或老师的援助，这样才能够让自己尽快走出危险的困境。

第五章

青春拒绝阴霾

自卑？固执？嫉妒？这些听起来很负面的心理其实我们每个人都有，只是它们只在特定的时间才发作。对于它们，我们不能置之不理，最好的方法就是，在青春期就掌握住控制它们的方法，而不是慢慢被它们控制。

面对条件好的人自卑

希希学习好，足球踢得也好，钢琴也已经过了九级，还有他家庭条件也很好，和他在一起，我觉得差他一截，总是很自卑。

可是当跟其他同学在一起时，我就能大大方方地与人交往，也不会再有自卑的情绪。

遇到这种情况该怎么办呢？

悄悄说给男孩听：

自卑心理很普遍，在现在的生活中很多人都有。有许多青少年性格孤僻、害怕与人交往，常常觉得自己是茫茫大海上的一叶孤舟，喜欢一个人顾影自怜，或是无病呻吟。

孤独的人往往将自己封闭于一个自我的狭小范围内，独自在这块小小的领地里品尝寂寞，并且拒绝他人的善意介入。这样的话，到头来损失最多的还是他自己。

造成自卑的原因多而复杂，比如学习上的挫折，缺乏与异性的交往，失去父母的爱，周围没有朋友等。此外，自卑心理的产生，也与人的性格有关。比如有的人情绪易变，常常大起大落，容易得罪别人，因而使自己陷入一种自卑的状态。

如何克服自己的自卑心理呢，以下有几个小建议：

1. 用补偿心理超越自卑

补偿心理是一种心理适应机制，从心理学的角度来分析，这种补偿其实就是一种“移位”，克服自己生理上的缺陷或者是心理上的自卑，把更多的精力用于发展自己其他方面的长处、优势，赶上或超越他人的一种心理适应机制。这种心理机制使自卑感反倒成为许多成功人士发奋图强的动力，他们的自卑感越强，寻求补偿的愿望就越大，成就大业的可能性也就越多。

2. 用乐观的态度面对失败

在自我补偿的过程中，还需要正确地面对失败。要知道，人生的道路上，一路顺风的人少，曲折坎坷的人多，成功是由无数次失败构成的。美国通用电气的创始人爱迪生曾经说过：“通向成功的路，就是把你失败的次数增加一倍。”

面对挫折和失败，唯有乐观的心态，才是正确的选择。首先要做到坚忍不拔，不因挫折而放弃追求；其次，注意调整、降低原先脱离实际的目标，及时改变策略；再次，用“局部成功”来激励自己；最后，采用自我心理调适法，提高心理承受能力。

太固执不肯妥协

嘉嘉很小的时候父母就离婚了，他跟着妈妈一起生活。嘉嘉妈妈整天忙工作，很少参加嘉嘉班里的活动，嘉嘉总是觉得自己没有别人幸福，每当看到其他同学都有父母陪的时候，嘉嘉打心眼儿里难受，他觉得自己的世界就是灰色的，一点阳光都没有。

嘉嘉总是敌视大家，他很少跟同学们在一起玩，总是一个人默默地待着。

有几次上体育课，我找他几次让他跟我们一起玩，可他总是不说话，甩甩手就走了。时间长了，大家都不怎么带他玩了。

可是，如果我们看着他或者说话的时候提起他，他就会以为我们是故意针对他，觉得我们在背后说他的坏话，他就会因此去找老师告状。

老师逐一调查下来，发现我们并没有说他的坏话，也就不再管了。

嘉嘉的心结没打开，他对我们越来越敌视了，他在班里也越来越被孤立了。

悄悄说给男孩听：

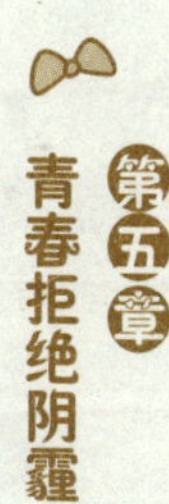

你们都想帮助嘉嘉，但是你们都无能为力，他太固执了，他把自己紧紧地封闭起来，让你们根本就走不进他的世界。

他的自我封闭是由过分偏执造成的。具有偏执型人格障碍的青少年，敏感多疑、心胸狭隘，对人过分警觉和嫉妒，常处于戒备和紧张的状态之中。他们会曲解人的中性甚至是善意的动作，进而敌视和藐视；对事情的前后关系不能正确地评价，容易发生病理性嫉妒；自我评价过高，总觉得自己是最主要的，做错事之后拒绝被批评；对挫折和失败过分敏感，而且冲动好斗；经常有一些超价值观念和不安全感，经常感到不愉快。

实际上，偏执型人格障碍更多见于男孩，一般是从幼年发展而来。患有这种性格障碍的人群普遍有以下几个特点：

（1）感觉过于敏感，对别人的侮辱和伤害耿耿于怀。

（2）思想、行为固执死板，敏感多疑、心胸狭窄。

（3）爱嫉妒，对别人获得的成功容易感到不安，妒火中烧。喜欢寻衅争吵，背后说风凉话，或者公开抱怨、指责别人。

（4）自以为是，对自己的能力估计过高，总把失败和责任推给别人，在工作和学习上往往言过其实。

（5）自卑，总是过多、过分地要求别人，但从来不相信别人的动机和愿望，认为别人存心不良。

（6）不能正确、客观地分析形势，习惯从个人的感情出发，主观片面性大。

这样的孩子等将来建立了自己的家庭，也会经常怀疑自己的配偶不忠实。

对于这种偏执型人格障碍的治疗应以心理疗法为主，以克服其多疑敏感、固执、不安全感和以自我为中心的人格缺陷。主要有以下两种方法：

（1）认识提高法。由于有偏执性人格障碍的人对别人不信任、敏感多疑，不会接受任何善意的忠告，所以要首先与他们建立信任关系，在相互信任的基础上交流感情，向他们全面介绍其自身人格障碍的性质、特点、危害性及纠正方法，使其对自己有正确、客观的认识，并自觉自愿产生要求改变自身人格缺陷的愿望。这是进一步进行心理治疗的先决条件。

（2）交友训练法。鼓励他们积极主动地进行交友活动，在交友中学会信任别人，消除不安感。

交友训练的原则和要领是：首先，要真诚相见，以诚交心。即本人必须采取诚心诚意、肝胆相照的态度积极交友，要相信大多数人是友好的、可以信赖的，不应该对朋友，尤其是知心朋友存在偏见和不信任的态度。必须明确交友的目的在于克服自己的偏执心理，寻求友谊和帮助，交流思想感情，消除心理障碍。

其次，交往中要尽力主动给予知心朋友各种帮助。这有助于以心换心，取得对方的信任和巩固友谊。尤其当别人有困难的时候，更应该全力相助，患难中见真情，这样才能取得朋友的信赖。

最后要注意交友的“心理相容原则”，即性格、脾气的相似和一致有助于心理相容，搞好朋友关系。

另外，性别、年龄、职业、文化修养、经济水平、社会地位和兴趣爱好等亦存在“心理相容”的问题。但是最基本的心理相容条件是思想意识和人生价值观的相似和一致，所谓“志同道合”。这是发展合作、巩固友谊的心理基础。

具有偏执型人格障碍的人遇事喜欢走极端，这与其头脑里的非理性观念有关。因此，要改变偏执行为，偏执型人格患者首先必须分析自己的非理性观念。比如“我只相信我自己”“要比他更强”“我要表现得很强”“我不能容忍别人一丝一毫的不忠”等。必须对这些非理性的观念进行改造，除去其中极端、偏激的成分，每当故态复萌时，就应该把改造过的合理化观念默念一遍，以此来阻止自己的偏激行为。

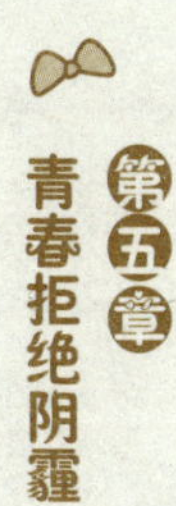

不想嫉妒，却控制不了自己

晨晨家经济条件好，他总是能带到班里一些好玩的、有趣的东西。培培家经济条件不好，每次晨晨带过来好玩的或者好吃的分给大家的时候，他总是冷嘲热讽。晨晨虽说不在意，但是时间长了也不喜欢培培了。等大家再分享东西的时候，就没人再叫培培过来了。

慢慢地，大家跟培培的交流越来越少了。可是培培，每次看到晨晨，连话都不说，而且他还在背后说晨晨的各种不是。

他这是怎么回事呢？

悄悄说给男孩听：

嫉妒是基本人性之一，只不过有的人会把嫉妒表现出来，有的人则把嫉妒深埋在心底。

嫉妒是无处不在的，朋友之间、同事之间、兄弟之间、夫妻之间、亲子之间，都有嫉妒的存在，而这些嫉妒一旦处理失当，就足以毁灭一个人。朋友、同学、同事之间嫉妒的产生大都是因为以下的情况，例如："他的成绩又不比我好，可是老师却喜欢他！""他和我是同班同学，学习成绩并不比我好，可却比我有钱！"换句话说，如果你受到了肯定或奖赏、获得某种荣誉时，那么你就有可能被同学中的某一位（或多位）嫉妒。女孩的嫉妒会表现在行为上，说些"哼，有什么了不起"之类的话，但男孩的嫉妒通常藏在心里，有的藏在心里也就算了，有的则开始跟你作对，表现出敌视的态度。

那么，该如何避免和调适嫉妒，使嫉妒型性格的人不再嫉妒、不再因此受挫呢？

1. 竞争、进步、向上

嫉妒别人的人往往把宝贵的时间用在嫉妒别人身上，而自己却产生焦虑、悲哀、猜疑、消沉、烦恼、敌意等不良情绪，这是一种最愚蠢的做法。为什么要嫉妒他人呢？你把对方的长处学习、借鉴过来，不就成了自己的宝贵财富吗？光阴似箭，人生苦短，与其将有限的精力耗在嫉妒他人的成功上，不如抓住时机做几件实实在在的事更有意义。就像鲁迅说的那样"不要只用力于抹杀对手，使他和自己一样空无，而应该跨过那站着的前人，比前人更加高大"。我们可以把鲁迅指的前人理解为走在自己前面的人、比自己先成功的人，包括和自己生活在同一时间和空间的人。生活中的嫉妒主要发生在同一环境、同一领域中的人中间。普列汉诺夫曾说："在人类智慧的发展史上，因为某一个人物成功而妨碍另一个人物获得成功的情形是无比稀少的。"一个观点的提出，一项研究的成功，留给后人的是新开拓的领域和道路，因而供人驰骋的天地更加广阔无边。在科学的领域里如此，在其他领域里也如此。只要你敢于奋斗，并且不断提高自己的能力和竞争的心理素质，你一定能以真才实学赶上和超过别人。嫉妒这种负面情感是阻止青少年前进的拦路虎，当你全心全意地去为自己的事业奋斗时，就不会有时间去嫉妒别人了，因为"嫉妒是一种四处游荡的情绪，能享用它的只能是闲人"。

2. 帮助敌对者可以消除嫉妒

当你发现你所嫉妒的人需要有人帮助才能办成一件事情时，你就全心全意地去帮助他。这时，你与他的目标一致了，就会由嫉妒他的心理而转向为共同的目标奋斗的心理了。当这件事情完成后，你从他身上学到了不少长处，你们也由敌意者变成了合作者。

嫉妒是愚人的做法，它害人又害己。告别嫉妒心理吧，莫让它伤害他人、贻害社会、损害自己的身心健康。

时时困扰我的忧虑

不知道从什么时候开始，我总是担心身边的事情。

要考试了，虽然我准备得很充分，可是，我还是担心考试的内容都是我不会的。

考试完了，我总是担心我没写学号，或者没有写名字。

爷爷奶奶在家的时候，他们咳嗽一声，我就开始担心他们的身体有没有问题。

本来一切都很正常，我却担心会不会突然有不好的事情发生……

我每天都生活在忧虑和惶恐中，生怕会有不好的事情发生。为此，很多时候我都不快乐，我也不知道我这是怎么了。

悄悄说给男孩听：

你的这种“多愁善感”是一种不良情绪，这种无端的悲伤只会影响你的健康，对你将来的成长也是极为不利的。要努力让自己变得乐观一些，学会豁达和坚强。

哈佛大学政治系讲座教授裴宜理常和她的学生说：“自己招来的忧伤是最大的忧伤。”忧虑，是人在面临不利环境和条件时所产生的一种情绪抑制，它会使人精神沮丧，身心疲惫。无论是逃避问题还是对问题过分执着，实际上只可能有两种情况。一种情况是问题并不像我们所想的那么糟，至少还没有到无可挽回的地步。只要采取积极正确的态度，问题就会得到解决。这样，我们也就没有什么可忧虑的了。另一种情况是，问题的确是超出了我们的能力所能解决的范围。对这种情况，我们就需要乐观一些，就像杨柳承受风雨一样，我们也要面对不可避免的事实。哲学家威廉·詹姆斯说：“要乐于承认事情就是这样的情况。能够接受发生的事实，就是能克服随之而来的任何不幸的第一步。”

人生并非总是一帆风顺，失败之时、挫折之事常有，面对失败、挫折，你不必扼腕叹息、怨天尤人，更不能灰心丧气，甚至是消沉堕落。而应以乐观坚强的心态去面对，在乐观中学会自强，把握自己；在坚强中学会思考，学会总结。你要善于发现自己的优势，看到自己的潜力，用坚强来锤炼自己的心灵，锻炼自己承受挫折的毅力和品质。这样，你的生命才具有黄金般的质地与光华。

相信你一定听过杞人忧天的故事，几千年过去了，天依然还高高地耸立在我们头顶，而那个杞人，居然为它担忧了那么久。其实在青少年群体中，一直都存在这样的孩子，虽然这些孩子不再担心天是否会塌下来，但是他们也有各种各样的担忧。例如，有些孩子担心马上要到来的考试自己可能会通不过，有一些孩子可能会担心这学期的自己评不上三好生，有一些孩子可能会担心班上其他同学不喜欢自己，等等。于是，担心这个紧张那个的孩子便远离了快乐，用忧虑将自己层层包裹。

其实，很多担忧和焦虑的情绪都是经过自己放大了的，它们本身并没有那么可怕。而且我们忧虑的事情实际上很多并没有发生，那么，何必让自己陷进忧虑的陷阱中呢？

自私有错吗

爸爸去香港出差给我带回来一本漫画书，这本书在我们这个城市还没有出售，同学们都想借过去看一看。可是，我怕大家传着看把书弄丢了，也担心他们把书弄得脏兮兮的。于是，我就不太想借，找了各种借口推脱。后来妈妈知道了这件事情，她说我这是自私，她觉得我这样做不好，希望我能改正。

悄悄说给男孩听：

自私是青春期男孩普遍存在的一种心理现象。从小处说，自私是只顾自己的利益，不顾他人的利益；从大处说，自私是只顾自己，而不顾集体、社会和国家的利益。

自私不是天生的，是由后天的教育和环境影响形成而成的。

现在的青春期男孩子多数是家中的独子，没有兄弟姐妹，从小失去了“儿童社会”的生活体验，不善于与同伴相处，他们习惯于单独活动，群体意识差。在家里，他们经常处于“小皇帝”的中心位置上，自然容易养成自私、任性的个性。他们随心所欲，认为“我应该要最好的”，这必然会使其养成“自私”“吃独食”的坏习惯，而不会有体恤他人、关心他人的意识。进入青春期以后，男孩的自我意识、自主意识、独立意识都迅速增强，以“我”为中心的心理也会随之膨胀，以致养成自私的个性。

有些青春期男孩以“只管自己舒服，不管别人利益”“利人者是傻瓜，利己者是聪明人”为行为的主导思想，仅仅对自己好，对其他所有人都自私。这样的男孩往往意识不到自己在做的事很自私，相反，他们在侵占别人利益时还会心安理得，甚至沾沾自喜。

这种想法究竟错在哪里？

自私会让人只顾自己的利益，不顾他人和集体的利益，对别人的事不是敷衍了事，就是漠不关心。青春期男孩所表现的嫉妒、虚荣、任性、虚伪、吝啬等不良品质，大多与自私心理有关。

一般来说，自私的孩子在学校里是不受欢迎的，其原因只要换位思考就能明白：任何人都不喜欢与只顾自己、不管别人的人做朋友。人越自私就越容易成为“孤家寡人”。

那么，青春期男孩应该如何摒弃自私的心理呢？一般来说，可以从以下几方面去做：

1. 摆正自己的位置

想想你是否有过“别人就应该为我服务”的想法？在家里，无视父母的辛劳，坐享其成还挑挑拣拣；在外面，自私自利，难以与他人友好相处，只会享受，不知奉献。

如果有，应该好好地自我反省一下，要认识到自己在家庭里、集体中是一个普通的成员。别人为你付出，你也应该为别人付出。不要放纵自己的自私行为，要主动热情地为集体、为他人服务。这样做，将有助于摆脱自私心理的束缚，自然也会改善你的人际关系。

2. 学会付出，多做帮助别人的事

“付出”是一个有着广泛内涵和很大包容性的字眼。公交车上给老年人让个座位，上坡时拉别人一把，把你多余的衣物送给需要的人，送给小朋友一个礼物，善意地提醒别人一句，借东西给同学，还可以参加一些照顾孤寡老人的集体活动……这些都是付出，同样也是关爱别人的表现。你会发现，当你这么做时，你的心中会有一股暖流流过，旁观者会给予你赞许的目光和良好的评价，这就是“自我实现的需要”。多做好事有助于你纠正过去那些不正常的心理，同时，你还会从他人的赞扬中得到快乐。

3. 多为他人考虑

自私是一种近似本能的心理，处于一个人的心灵深处。青春期男孩只要能正视并控制好自己，就一定能克服自私心理。青春期男孩不必强迫自己以“大公无私”“舍己为人”为原则，只需从心理上转变一个角度，凡事在为自己考虑的同时也多为别人考虑一点儿，在自己力所能及的范围内帮助别人，不占别人的小便宜，能够做到这些，青春期男孩就基本上能告别自私心理，成为一个谦让、友善、自律的男子汉。

心胸宽阔的人，可以容下世间万物，可以承受挫折；心胸狭隘，连一粒沙都容不下的人是成不了大事的。青春期的男孩子应该时刻记住，要付出大于索取。自私的人可以试着把自己心爱的东西与他人一起分享，从中可以体会出无私的滋味，它将使你的人生更加完美。正如孟子所说：“爱人者，人恒爱之；敬人者，人恒敬之。”有了圣人的“至善”——对人至爱至敬，就会赢得他人对你的至爱和至敬，相信你的成长之路也会更加顺畅。

欲望太多，放不下

从晨晨家回来，想到晨晨家有那么大的房子以及房子里豪华的装饰，特别是晨晨不仅有自己的游戏室和书房，还有一个洒满阳光的琴房，我心中充满了羡慕。虽然我不喜欢练琴，但是想想在暖阳下弹琴是多么美妙的一件事情。

我坐在阳台上憧憬我的阳光琴房的时候，妈妈走过来问我，“昊昊，你没事儿吧，做什么美梦呢？一脸的笑意。”

“妈妈，我想有个专用的书房。晨晨的房间真是太宽敞了，还很漂亮。咱们能不能换个大房子呢？在大房子里都能捉迷藏了。”

“昊昊，你希望爸爸每天都工作没有周末吗？还有无休止的出差和应酬？”妈妈说完静静地看着我。

妈妈的话让我想起了晨晨每天都只有妈妈和保姆陪着，他爸爸常年忙工作，休息的时间很少。听晨晨说他爸爸为了谈生意还喝了好多酒，肝都有损伤了。

妈妈说："每个人都有自己的欲望，我们要让欲望帮助我们去努力去拼搏，而不是去羡慕别人拥有的东西。昊昊，你明白吗？"

对妈妈的话我似懂非懂，但我默默地点了点头。

悄悄说给男孩听：

有对中年夫妇，妻子整天为缺少财富而忧郁不乐，她认为他们需要很多很多的钱。有了钱才能买房子，买家具家电，才能吃好的穿好的……可是他们的钱太少了，少得只够维持最基本的日常开支。

她的丈夫却是个很乐观的人，丈夫不断寻找机会开导妻子。

有一天，他们去医院看望一个朋友。朋友说，他的病是累出来的，常常为了挣钱不吃饭不睡觉。回到家里，丈夫就问妻子："下次如果给你钱，但同时让你跟他一样躺在医院里，你要不要？"妻子想了想，说："不要。"

过了几天，他们去郊外散步，马路边有一幢漂亮的别墅。从别墅里走出来一对白发苍苍的老者。丈夫又问妻子："假如现在就让你住上这样的别墅，同时变得跟他们一样老，你愿意不愿意？"妻子不假思索地回答："我才不愿意呢。"

他们所在的城市破获了一起重大的团伙抢劫案。这个团伙的

主犯抢劫超过一百万的现钞，被法院判处死刑。

罪犯押赴刑场的那一天，丈夫对妻子说："假如给你1000万，让你马上去死。你干不干？"妻子生气了："你胡说什么呀？给我一座金山我也不干！"

丈夫笑了："这就对了。你看，我们原来是这么富有：我们拥有生命，拥有青春和健康，这些财富已经超过了1000万，我们还有靠劳动创造财富的双手，你还愁什么呢？"妻子把丈夫的话细细地咀嚼品味了一番，也变得快乐起来。

不要去和别人攀比，别人拥有的你不一定有，但你有的别人也不一定有。现在的生活水平提高了，可能你的同学当中也出现了不少和别人攀比的现象。你一定要摒弃这种恶习，认真地对待这种攀比心理，明辨是非，培养平常心，把注意力放在学习上，放在与同学发展良好的关系上。

1. 保持一颗平常心

中国古代的"福兮祸所倚，祸兮福所伏"的福祸论，讲述了世间的自然法则：有得必有失，有失必有得。老子的"曲则全，枉则直，洼则盈，敝则新，少则得，多则惑"，讲述了委曲可以求全，弯曲可以伸展，低洼可以充盈，敝旧可以生新，少取其实多得，贪多引出惑乱的哲理。因此，处于不利地位其实也有好的一面，我们完全没有必要自卑。保持一颗平常心，尽自己的努力去做自己的事才是我们应该关注的。

2. 抑制我们的物欲

物欲是什么？物欲是人生存环境中的一大障碍。中国古代思想家老子说：“祸莫失于不知足，咎莫大于欲得。”富人希望自己的钱更多，穷人希望自己口袋里有钱。当人的物欲没有节制时，就会引出麻烦和祸害。一切脱离实际的欲望，都是生命的不幸。如果一味攀比，自己又没有能力实现，就会心态失衡，嫉妒怨恨，心里难受；如果心态失衡，胆子又大，敢闯“红灯”，那就是祸。如果一味攀比，只会坠入深渊。保持一颗平常心，抑制自己的欲望，才不会惹来过多的麻烦，才能永远快乐自在。

第六章

安抚常常不安的情绪

每个人都有发泄情绪的权利，当然，青春期的孩子也一样。可是，随着年龄的增长，十几岁的孩子不可能再像原来的孩子那样想哭就哭、想笑就笑，当然，他们也没有处理坏情绪的经验，那么，遇到不好的情绪该怎么疏理呢？

总是高兴不起来

我总觉得自己每天都在背着几座大山走路，想停下来喘口气休息一下，想坐下来静静地待一会，就会有一种沉甸甸的负罪感。背着这么大的压力前行，我总是高兴不起来。

妈妈说放假了带我去旅游，想到那么多的课外班还等着我，我就高兴不起来；考试成绩好了，我怕下次考试成绩不理想，高兴不起来；成绩不好，我也高兴不起来，总觉得自己努力了却没有收获。没有一件事情能够让我高兴起来，我该怎么办呢？

悄悄说给男孩听：

心情在一个人的生活中无比重要，然而，不是每个人都能带着好心情度过每一天。人们常常会遇到不高兴的事情，从而产生坏的情绪。

每个人都希望“一帆风顺”，可是生活中难免有酸甜苦辣。面对人生烦恼和时代变化所带来的困惑，面对疾病的纠缠、追求的失落、奋斗的挫折、情感的伤害、学习的压力等困扰，人们的不良情绪就会滋生。这时你必须努力让自己快乐起来。

高山流水、鸟语花香都是天籁之音，可以让人心旷神怡，让人感受到大自然的亲切。海浪声、滴水声、下雨声、蝉鸣声、鸟啼声，都是大自然的优美音乐，非常悦耳动听，能够镇静人的情绪，放松人的身心。

美国科学家也做了类似的实验：在不同的温室里播放不同的音乐，如欧洲经典音乐、印度音乐等。实验结果表明，效果最好的一组是欧洲经典音乐，植物长得很茂盛，并按着音乐来源的方向生长。离音乐源最近的植物还会绕着扩音器生长。印度音乐、爵士音乐效果也很好。

以此类推，音乐对人也能产生良性影响。科学研究证明：与身体节奏相一致的音乐会使脑电波更有规律，使之达到大脑思维的最佳状态，让左脑与右脑同步协调，使上下脑增加沟通，最后让整个大脑的潜能逐渐地发挥出来。

因此，听音乐的时候，尽量不要去想不高兴的事情。在音乐的作用之下，脑电波会减慢或协调起来，使整个大脑处于放松的状态。潜意识对正面暗示比较容易接受。因此，听音乐的时候，脑海里最好浮现一些美好的景象，以避免负面暗示的不良影响。

当一个人听到自己喜欢的音乐时，呼吸就会加深，神经会变

得松弛，疲劳因而得以消除。欣赏音乐可以使人浮想联翩，随着音乐的优美旋律去“云游”四方。这样就可以通过音乐尽情享受自由的心境。

给心情放个假。有很多男孩，他们常把“放牛班、劣等生……”等名词套在自己身上，造成自我否定。他们会说，“我在别人面前会脸红”“我在学校的功课不好”……而医生们发现他们只是在异性面前才会脸红，或功课只有某一科不好而已。他们用一些负面的词汇给了自己负面的心理暗示。

多使用肯定句，这一点极为重要。如果你说，“我不要挨穷”，虽未言“穷”，但这种消极的语言会将“挨穷”的观念印在你的潜意识里。因此，你要正面地说：“我越来越富有。”当你有比较大的内心冲突和烦恼时，安慰自己“一切都会过去”。遇到挫折时，不妨先坐下来理一理头绪，看一看问题究竟有多少，切不可让它充塞在头脑里而成为一堆乱麻。应该时刻想到：“我能胜任！”

或者“我可能会失败，但失败是成功之母！只要坚持下去，一定会成功！”不论遇到什么样的阻力，要保持良好的精神状态，要坚信：“别人能办到的，我也能办到！”慢慢地，你就会被自己所鼓舞，心情就会好起来。

德山禅师在尚未得道之时曾跟着龙潭大师学习，日复一日地诵经苦读，这让德山有些忍耐不住。一天，他跑来问师父：“我就是师父翼下正在孵化的一只小鸡，真希望师父能从外面尽快地啄破蛋壳，让我早一天破壳而出啊！”

龙潭笑着说："被别人剥开蛋壳而出来的小鸡，没有一个能活下来。母鸡的羽翼只能提供让小鸡成熟和有破壳力量的环境，你突破不了自我，最后只能胎死腹中。不要指望师父能给你什么帮助。"

德山撩开门帘走出去时，看到外面非常黑，就说："师父，天太黑了。"龙潭便给了他一根点燃的蜡烛，他刚接过来，龙潭就把蜡烛吹灭了。

他对德山说："如果你心头一片黑暗，那么，什么样的蜡烛也无法将其照亮啊！即使我不把蜡烛吹灭，说不定哪阵风也要将其吹灭啊。只有点亮一盏心灯，天地才会一片光明。"

德山听后，如醍醐灌顶，后来果然青出于蓝，成了一代大师。

其实，像德山开悟成佛一样，一个人想拥有快乐的心境，自己要学会清除心理垃圾，下意识地为心灵松绑，点亮自己的心灯。否则，你快乐的梦想只能"胎死腹中"。

心灵就是一座炼金的熔炉，快乐就在其中，只要将其熔炼，快乐就会闪闪发光。给你的心情放个假，让它在轻松的氛围中呼吸新鲜的空气，你将会拥有一份更美好的生活。

受了委屈，谁能帮我排解

今天上课的时候，我正在认真听讲，同桌的笔掉到我的座位下边了，他够不到，就让我帮忙拿。这样的小事，我很快就帮他干完了。我递给他笔的时候他对我说了谢谢。

这个时候，数学老师喊我回答问题，我刚刚捡笔的时候没听到老师问的问题，当然回答不上来了。数学老师就说我上课不好好听讲，跟同学在下面聊天，让回答问题也回答不上来。

我觉得自己被冤枉了，很生气，就跟老师说，我没聊天，就是帮同桌捡了一下笔，可是数学老师不信我说的话，认定我是故意不好好学习。

妈妈听完我的话，对我说，帮助同学没有错，但是老师让回答问题回答不上来就要认真想想自己刚才为什么不先把笔借给同学呢？等下课再去捡笔，这样做的话也不会发生后面的事情了。

被老师批评以后，有则改之无则加勉，跟老师顶嘴就错了。最后，妈妈说我自制力不好。

妈妈说，自制力强的人，能够理智地对待周围发生的事情，能有意识地控制自己的思想感情，约束自己的行为，成为驾驭自己情绪的主人。

悄悄说给男孩听：

对于青春期的孩子们来说，自制力就更加重要。自制是日常行为的一把保险锁，它要求我们能够以理性来平衡自己的情绪，接受理性的指引，先“谋定而后动”，管住自己的言行和举止，而后引导所有积蓄的力量汇入成功的海洋。

相反，如果一个人缺乏自制的习惯，总是让自己的情绪主导着一切，口无遮拦，行无规矩，随心所欲，没有规划，也不会有目标，那样的话，要么他所有的努力如同脱缰野马，根本控制不了，也达不到既定的目标；要么他的行为与环境格格不入，最终也达不到成功的彼岸。

自制力薄弱的人遇事不冷静，不能控制激情和冲动；处理问题不顾后果，任性、冒失。这种人易被诱因干扰而动摇，或惊慌失措。自制力是一种克制或节制，自我约束是一种美德，是文明战胜野蛮、理智战胜情感、智慧战胜愚昧的表现。

自制力能使生活之路变得平坦，还能开辟出许多新道路，如果没有自制力，就不能有所创新。在政治上，春风得意的人并非因为天赋非凡，而是因为性情的非凡才使他获得成功。如果我们没有自我控制的能力，就会缺乏忍耐精神，既不能管理自己，也不能驾驭别人。自我控制的能力是高贵品格的主要特征之一。能镇定且平静地注视一个人的眼睛，甚至在极端恼怒的情况下也不会有一丁点的脾气，这会让人产生一种其他东西所无法给予的力量。人们会感觉到，你总是自己的主人，你随时随地都能控制自己的思想和行动，这会对你品格的全面塑造带来一种尊严感和力量感，将有助于你品格的全面完善。

发脾气难道都是我的错

自从上了初三以后，好脾气的我好像变了一个人，动不动就发火。一个周末，表妹来玩，不小心将我的吉他弦弄断了一根，这要是在以前，我不但不会发火，还会安慰表妹别放在心上。可是这一次，我无视她一再的道歉和修好的保证，还是怒不可遏。表妹最后难过地说："我再也不想见到你了。"

一天，妈妈因为我的学习唠叨了几句，我就控制不住自己大声嚷道："你就知道让我学习，在你眼里学习就是比我重要，你心里除了学习，哪里还有我这个儿子，我根本就不是你亲生的。如果有好成绩会让你感觉很好是吗？"妈妈当时就愣在了那里。

还有一次，爷爷无意中看到我的作文，就说："作文可不能马虎，平常要多练习、多读书，考试的时候才能写得好，作文占的比重可不小呢！"

"你们都觉得作文重要，可我就不觉得，它是占了40分，可是考试的时候我不做别的题就写作文，写得再好撑死了不就40分吗？你又不是老师，要你多说。”我的话，把爷爷气得直瞪眼。

这段时间，我简直成了家里的小炸弹，一点就着，逮谁炸谁，弄得大家都躲着我。

悄悄说给男孩听：

青春期男孩正在经历着身体和心理的巨大变化，伴随而来的是情绪的变化无常，原本温顺的孩子到了青春期可能会变得脾气暴躁，原本听话的孩子到了青春期也会专门和家长对着干，原本乖巧的孩子到了青春期却变得暴躁易怒……

可以肯定地说：强烈、波动的情绪反应正是处于青春期男孩的心理特点，这不是病。究其原因，一方面是体内激素的作用，特别是性的发育和成熟，青春期男孩体内积蓄了大量的能量，容易兴奋过度造成情绪上的不平衡；另一方面，他们的神经系统还远未成熟，不能很好地控制和调节情绪，因此常常会有情绪波动。还有很重要的一点是，成长过程中的心理矛盾常常使得他们左右为难、无法兼顾。这种剧烈的情绪反应会随着年龄的增长，生理的逐渐发育成熟，加之学会了恰当地表达情绪而变得越来越少。

虽然说青春期男孩的这种情绪反应是成长阶段的特点，但是也不能听之任之，可以通过一些措施来加以调节，让自己的情绪尽快地回到理智、正常的轨道上来。

1. 积极参加体育活动

高强度的体育运动有助于消除心中的怒气，而户外活动带来更多的氧气，能使身体释放出快乐物质。比如，一场激烈的球赛后，你会发现，你的怒火伴随着你体力的消耗已经消失了。

2. 遇事冷静三秒后再决定

青春期男孩的情绪冲动使他们就像个火药桶，一点就着。不管是什么事情，似乎都能让他们暴跳如雷，可是等事后冷静下来，他们就会觉得自己有些反应过激了，常常后悔不已。

因此，在遇事的时候先让自己冷静三秒，再决定怎么办。

3. 暂时离开

当你无法阻止自己的怒气时，尽快离开是一个避免情绪向更糟方向发展的途径。在事情过去后，再向对方解释或者道歉。

4. 找一个发泄的替代物

情绪的淤积不利于身体的健康发展，因此适当的发泄未尝不可，但是发泄的对象一定要找对了，否则会给自己带来更大的麻烦。比如，找一个沙袋或是枕头，用力地捶打它，也许就会好许多。

5. 向自己诉说

有些事情其实是不好向外人说的，那就自己说给自己听，比如，将所有的事情写下来，这个东西是自己的秘密，未必要拿给别人看，但通过写的过程，情绪已经得到了宣泄，情绪也稳定下来了，你会从中受益。

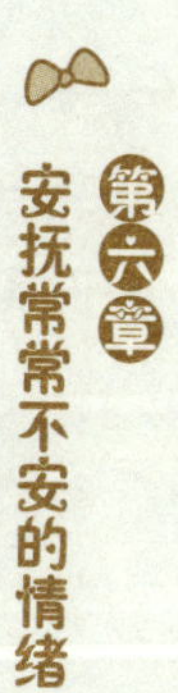

当然，每个人都是独一无二的，好的办法未必通用，可以找一些自己喜欢的、能够让自己冷静下来的办法，处理好情绪问题，别让情绪成为杀手。当有一天，你会发现在控制情绪和解决问题方面，自己有了很大的进步。而自制力的提高，正是迈向成熟的第一个标志。

因为担心错过，总是犹豫不决

期末的文艺汇演，我看到有的同学弹钢琴弹得那么好，萨克斯吹得那么棒，这些才艺都让他们变得非常耀眼。看着他们，我突然很想很想好好练练钢琴或好好学学画画，下一次晚会我也争取演奏一曲，我还想学学围棋，下次围棋大赛我就能好好展示一番。

我今天想着学这个，明天想着学那个，到头来，却发现我什么都没学会。妈妈说，一定要知道自己真正想要的是什么。是啊，我最想要的是什么呢？

在这种不断的犹豫中，时间已经悄悄地溜走了很多。

原来，我最需要的，是当机立断。

悄悄说给男孩听：

宋人张咏说："临事三难：能见，为一；见能行，为二；行必果决，为三。"当机立断的另一方面，并非仅仅指进攻和发展。有时，按兵不动或必要的撤退也是一种果敢的行为，该等待观望时就应按兵不动，该撤退时就要撤退，这也是一种当机立断的行为。你一定知道"夜长梦多"这一成语吧？它指的是做某些事，如果历时太长，或拖得太久，就容易出问题。"夜长"了，"噩梦"就多，睡觉的人会受到意外的惊吓，反而降低了睡眠的质量。同样的道理，做事犹犹豫豫，久不决断，也会错失良机。

《史记》中有"兵为凶器"的说法。意思是说，不在万不得已时，不得出兵；但是，一旦出兵就得速战速决。"劳师远征"或"长期用兵"，注定会失败。

中国人向来讲究从容自若，慢条斯理的做事态度。即便是大难临头，"刀架脖子上"也能泰然处之。能够做到如此者，才算得上是气宇大度的君子。但是，这并不表明中国人做事就喜欢拖拉，或不善于抓住战机。事实上，中国人在追求和谐、宁静、优雅的同时，也潜心于捕捉机遇。

因此，做事不能太犹豫不决，而应快速决断；不要再徘徊、踌躇，做事快而敏捷者才能够成就大事业。

"到底选哪个答案呢？"考场上，犹豫间，时间不知不觉地溜走了，等到交卷子的时候，你才惊呼："我还没做完！"

"这两个都好看，我都喜欢，可是到底哪个更好呢？"仅仅为了两件相同款式，不同颜色的衣服，你就能站着盯上半天，本来计划好的事情也全都泡了汤。

生活中，这样的人不在少数，不管是在学习上还是日常生活中，他永远都是一副不紧不慢的模样，用他的话说就是，"我还要考虑一下"，其实他一直都在犹豫。

兵家常说："用兵之害，犹豫最大也。"实际上，日常做事也是如此。犹豫不决，当断不断的祸害，不仅仅表现在战场上，还展现在现代社会的每个角落。

比如在学习上，你很可能因为犹豫而浪费了时间，最后交上一份不完整的答卷，而与梦寐以求的学校擦肩而过；比如在与人交往时，你与一个好朋友发生了误会，而你一直犹豫着是否要和对方重归于好，你的犹豫最后很可能使你们之间的友谊出现破裂；比如在商场上，你很可能因为犹豫就错过了绝好的机遇。

因此，不管什么时候，一定要斩钉截铁、坚决果断。当然，这里的坚决果断并不等同于武断，而是要在认真分析判断，认准形势、深思熟虑下做出决定，但这绝不是心血来潮或凭意气用事。

怎样处理纠缠和抱怨

“妈妈，你看，这倒霉天气，我刚穿的新运动鞋都弄脏了，气死了。”

我一进门，就冲妈妈嚷嚷起来。妈妈看见我这样，过来对我说：“昊昊，鞋子脏了刷刷就干净了，快去喝点热水。”

我走到茶几前，端起水就喝，可是太烫了。

“妈妈，这水能喝吗？怎么这么烫？就不能晾凉一点吗？真是喝点水都塞牙。”

妈妈没有搭理我，我回房间换衣服。看见家居服还没洗呢，顿时又不爽了，冲着客厅吼了起来。“这什么衣服啊，妈妈，我不是让你帮我洗洗吗？怎么到现在都没洗呢？整天穿的衣服都脏兮兮的，这像什么样子。”

拿起作业，刚要写作业，发现课本落在教室了，我又抱怨起来。

在我的抱怨声中，家里的气氛一点都不好了。

“昊昊，你要注意了，你现在抱怨的次数越来越多了。”当妈妈把这话说出来的时候，我都有点震惊了。我怎么会这样呢？这还是原来那个我吗？

悄悄说给男孩听：

“我这次考试没考好，全都怪昨天晚上没休息好。”“考试题出成这样，老师根本就是在为难我们。”“这一切都像是在和我们作对一样，烦都烦死了。”

这是不是你经常挂在嘴边的话？心情不愉快的时候，这些抱怨的话好像不经过大脑就到嘴边了，然后心情就会变得很沮丧。在这样一种精神状态下，不难想象，你犯错误的概率自然要比别人高，许多新的烦恼又在后边等着你，那么你又开始新一轮的抱怨——沮丧——出错——倒霉……

其实，抱怨只是暂时的情绪宣泄，它可做心灵的麻醉剂，但绝不是解救心灵的方法。罗曼·罗兰说只有将抱怨环境的心情化为上进的力量，才是成功的保证。也有人说，如果一个人青少年时就懂得永不抱怨的价值，那实在是一个良好而明智的开端。倘若我们还没修炼到此种境界，就最好记住下面的话：如果事情没有做好，就千万不要为抱怨找借口。

古人云：“人生之事，不顺者十之八九，常想一二。”这句

话的意思是说人活在世上，十件事中有八九件都会使人不顺心，但要常去想那一两件使人开心的事。每个人都会遇到烦恼，明智的人会一笑了之，因为有些事是不可避免的，有些事是无力改变的，有些事则是无法预测的。能补救的应该尽力补救；无法改变的就坦然面对，调整好自己的心态去做该做的事情。其实，只要放平心态，你就可以活得平静而满足。

有个人从一棵椰子树下经过，一只猴子从上面丢下来一个椰子，正好打中了他的头。这人摸了摸肿起来的头，然后把椰子捡起来，喝椰汁，吃果肉，最后还用外壳做了一个碗。孩子，假如猴子丢下的那个椰子打中的是你的头，你会用什么样的态度来对待这个“意外的打击”呢？如果是怨恨，是咒骂，那么不但无济于事，反而还会使你的心情变得更糟糕；如果你选择了积极的心态，就像故事中的那个人一样，只是摸了摸头上的肿块，然后捡起椰子，饶有兴致地吃掉果肉，并把椰壳做成一只碗。这时，你也有可能因心情变好而感谢那只猴子、头上的肿块和椰子。因为如果没有这一切，或许你就无法排解旅途中的寂寞、饥饿和无聊。

青春的天空本该是明媚的，但是抱怨却如阴云一样使明朗的蓝天变得混浊。抱怨的人不见得不善良，但常常不受欢迎。抱怨就像用烟头烫破一个气球，让别人和自己同时泄气。谁都不愿靠近牢骚满腹的人，怕自己也受到传染。抱怨除了让你丧失勇气和朋友外，别无他用。

青春要拒绝抱怨，如果真的遇到问题，你应该去寻找克服困难、改变环境的办法；青春更应摒弃抱怨，因为抱怨是一种坏习惯，你要做的就是化抱怨为抱负，变怨气为志气。

记住，永远不要抱怨，花费时间和精力去抱怨，远没有去找解决的方法来得更实际。

困难当前勇者胜

学校要组织一个手抄报的评选活动，好的作品会挂在学校的橱窗里展示。老师给了我一张大全开的美术图画纸："昊昊，这件事交给你来做，好好画吧！"

天啊，我看到那张大大的纸不禁嘘了一口气，全开大的纸，还要尽快完成，还要尽量画得最好。

回到家，我就开始构思如何来布置这张手抄报。妈妈过来，看到我的屋里摆满了各种彩色水笔、彩色铅笔、水彩颜料、水粉颜料和油画棒，疑惑地问："昊昊，你到底在做什么？"

"老师叫我画一张手抄报去参加学校的评比，我要画得好一点才行。"

"嗯，那工程量很大啊，那你就好好画吧。妈妈想给你提个醒，如果想把手抄报做好，只把表面画得花花绿绿不一定就是最好的手妙报，你最好想一个好的主题，还要在你的报纸上选编最好的材料，这份报纸才有生命力。”妈妈看我有决心把手抄报做好，还给我支招。

感谢妈妈的提醒，看来我要多在内容上下功夫，这份报纸才不会华而不实。

一个周末，我把全部的心血都放在这份手抄报上，白天画，晚上画，不放过每一个细节。周一去学校的时候，我把这份画好的手抄报带给了老师。

当我把这张全开大的白纸展开的时候，好多同学都围了过来，并且发出一阵阵的赞叹，听到同学们的肯定，我感觉神清气爽，这两天的疲劳一扫而光。

后来，我的那张手抄报真的就张贴在了学校的橱窗里，足足有一个多月的时间，直到这张纸被太阳晒得褪去了颜色，才被人换下来。

悄悄说给男孩听：

要想做成任何一件事，都要有一种锲而不舍的恒心与毅力。历史上诸多伟人的成功，都是由于他们的坚韧不拔。纵然他们怀有天赋，领悟力超凡，但他们的作品也并非一蹴而就，只有经过细致的雕琢，反反复复地修改，才会有经得起细看的作品诞生。

俄国大文豪列夫·托尔斯泰的作品《安娜·卡列尼娜》是他用了整整八年的时间反复构思、反复修改，最终才把一部关于家庭私生活的小说改编成了一部具有鲜明时代特征的社会小说。亚当·斯密写《国富论》用了十年的时间，孟德斯鸠写《论法的精神》用了整整二十五年的时间。

通过这些伟大的作品，我们的确可以体会到作家的艰苦劳动。他们为了完成一部作品，往往要花费几年甚至几十年的心血。如果没有足够的恒心与毅力，又怎么能克服重重困难，最后取得成功呢？

人类历史上的诸多伟大成就，无不是恒心和毅力的产物，如埃及宏伟的金字塔和耶路撒冷巍峨的庙堂，人类因为有了恒心和毅力，才有机会登上气候恶劣的珠穆朗玛峰，在宽阔无边的大西洋上开辟了航道；正是因为有了恒心和毅力，才夷平了新大陆的各种障碍，建立起了人类居住的共同体。

恒心与毅力还让天才在大理石上刻下精美的创作，在画布上留下大自然恢宏的缩影。恒心与毅力创造了纺锤，发明了飞梭；恒心与毅力使汽车变成人类胯下的战马，装载着货物翻山越岭，在天南地北往来穿梭；恒心与毅力让白帆撒满了大海，使海洋向无数民族开放，每一片水域都有了水手的身影，每一座荒岛都有了探险者的足迹。

很多人总是抱怨自己的失败。失败的原因很多，但不能持之以恒是尤为重要的原因。因为一切领域中所有的重大成就无不与坚韧不拔的毅力有关。从某种意义上来说，成功更多依赖的是人的恒心与毅力，而不是天赋与才华。

英国著名外交官布尔沃说：“恒心与毅力是征服者的灵魂，

它是人类反抗命运、个人反抗世界、灵魂反抗物质的最有力的支持，它也是福音书的精髓。”才华固然是我们所渴望的，但恒心与毅力更为重要。

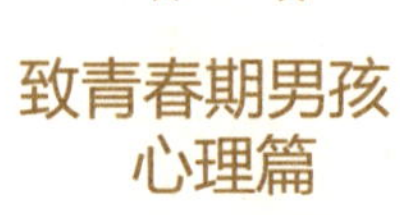

正确理解失败

我很早就加入了学校的足球队，这次比赛前尽管我努力了很久，却还是失败了。这次踢球，我依然没进球。我转去做守门员，却放进去了两个球，这简直让我郁闷死了。最后我们以1比3输给了对方。

全队下来都很沮丧，大家都想成功，可是面对失败，都垂头丧气了。

悄悄说给男孩听：

每个男孩都渴望成功，但由于年龄小、能力有限、经历和经验缺乏以及各种因素的影响，难免会遭受失败和挫折。一次小小的失败，对成人来说是微不足道的，对青春期男孩来说却是一个不小的打击。

在我们的生活中，有许多这样的男孩，他们本来拥有聪明的头脑，也曾是全班甚至全校的尖子生，但往往因为一次考试不理想或是老师某一句话对他的打击，就变得消沉起来，学习成绩下降、上课精力不集中，甚至出现逃学的情况。

在这种心态的影响下，男孩们就可能变得精神委靡、消沉慵懒、做事没劲头，完全一副颓废的模样。这种心态如果得不到调整，他的一生就只能是碌碌无为，不敢面对一点困难。

很多时候，给男孩带来最大打击的往往不是失败本身，而是他对失败的理解。等待青春期男孩的将是长长的一生，如果眼前一点暂时的小困难都应付不了，今后又如何经得起大风大浪？与其一蹶不振，不如培养自己乐观的心态，给自己面对困难的勇气。只有有了乐观的心态，才能积极认真地面对生活，才能在遇到困难时不灰心、不气馁，最后顽强地坚持到底！想正确面对失败，可以尝试以下几种做法：

（1）要尽早学会正确对待失败。要告诉自己失败在人生的道路上很难避免，让自己在思想上有所准备，这样，即使遇到失败也能够承受，将失败的损失降到最低。鼓励自己勇于承担风险，如果我们总是躲避风险，就会缺乏自信心，因为躲避风险会使我们无法获得真正的成功。应鼓励自己去做以前从未做过的事，在成功中寻找自信。

（2）防止消极的态度。有的人在失败后，消极、颓废、自卑、沮丧，从此一蹶不振，失去对生活的希望，或引起不恰当的对抗行为等，这是对待失败的消极态度。应告诉自己防止这种消极的态度，以积极态度对抗消极态度。如果你在某一件事上失败了，不能自我苛责，要自我鼓励，激起自己重新奋起的决心和自信心。

（3） 告诉自己应该变失败为成功。如果能从失败中吸取教训，砥砺人的意志，使人更成熟、坚强，激励人从逆境中奋起，就能使失败变为成功之母。我们要勇敢地面对失败，用失败来做成功的基奠。

（4）不必太在乎外界的评价。即使失败了，也应该告诉自己，谁都不可能总是在比赛上得第一名，也不可能总是得奖章。就是在没有外界奖赏的情况下，也应坚定地走自己的成功之路。

第七章

我能处理好有关女孩的问题

男生和女生之间，相处起来说难不难，说简单也不简单。男生也可以做女生的好朋友，但是随着年龄的增长，相处起来就会有很多的不便。男生和女生之间，只要掌握好交往的尺度，一样可以很好地相处。

早恋的人快乐多还是苦恼多

早恋是什么呢？我常常问自己这个问题。我们班上有人偷偷地交朋友，看着他们偷偷摸摸的，我就觉得早恋很可怕。因为早恋，让我们大家都不能很好地学习，整个心都飘起来了。老师在班会上屡屡禁止，可是我看那几对早恋的同学根本没听进去，该怎样还是怎样。在家里，爸爸妈妈也总是说不要早恋，可是，早恋这么被大人们当作洪水猛兽，为什么还屡禁不绝呢？早恋的人是快乐多还是苦恼多呢？

悄悄说给男孩听：

人们常常把青春期的恋爱称为早恋，顾名思义就是恋爱谈早了。从某种角度而言，恋爱是无所谓早晚的，彼此有爱就可以恋，不必非得等到什么岁数或者满足什么条件。这也正是时下人们常说的“年龄不是问题”。

但是，从另一个角度来看，很多成人并不认可青春期恋爱，就是因为处在青春期的孩子身体和心理都在发生着很大的变化，恋爱的基础是不稳固的，变化使得恋爱缺乏了感情保障，因此悲剧多于喜剧。而且，心理不成熟、缺乏相关的知识，使得他们在处理恋爱问题时草率、随意、不科学，很容易给彼此带来很大的伤害。

因此，一般来说，青春期男孩在生理、心理和社会条件都没有发展完善的情况下恋爱，往往是仅凭对异性产生的幼稚、冲动的好感，和走向婚姻、组建家庭的恋爱是有很大区别的。

早恋的危害很大，看看早恋时的一些表现，就知道早恋为什么被成人禁止了：由性冲动和外在吸引而产生，缺乏思想情感方面的考虑；彼此往往是由双方身上的某一方面的优点产生倾慕之情，缺乏对对方的全面评价；缺乏责任感和伦理道德观念的约束，易发生性行为。这每一点都预示着一个失败的结局，所以早恋是很难长久的。

简单归纳一下导致早恋的原因，有利于青春期男孩做出理智和合理的判断，从而避免不必要的伤害。爱慕是最常见的导致早恋的原因，可分为三种情况：

（1）对对方的外表产生爱慕，比如常见的长得帅、漂亮、个性、可爱、个高、身材好等。这种爱慕建立在最不可靠的外表上，所以也是最难以持久和稳定的。

（2）欣赏对方的能力和技能。会踢足球、打篮球等，这类欣赏常常是女孩采取主动从而发展为早恋。

（3）欣赏对方的品行。这是比较牢靠的，相比而言能够维持得比较持久。

早恋一般有以下几种类型：

（1）好奇型。多是因为好奇而产生爱慕，比如，随着性意识的不断发展，对异性身体、生活、心理和对自己态度的好奇，就会产生想接近对方，甚至产生性冲动的心理，于是，为了满足这种好奇心，而结交异性朋友。

（2）模仿型。有的孩子看到小说、影视剧中的人们沉浸在恋爱中，享受彼此的甜蜜，很是羡慕，于是就想实践而结交异性朋友。

（3）从众型。这种类型的早恋有一点和上一个类型很相似，那就是如果周围的朋友、同学有早恋的，那他们也会在某种程度上从众。

（4）愉悦型。通过长期的接触，对彼此有着很好的印象，培养了不错的感情，容易产生早恋。比如同学、同桌之间的早恋等。

（5）补偿型。用早恋的方式来弥补自己遭受挫折后的心情和自尊，谋求一种补偿，或者转移痛苦。这类早恋融入了真实的感情，容易发展深化。

（6）逆反型。指过密的两性交往往往会招来同学们的戏谑、家长的制止、老师的暗示和干预、其他人的指指点点，于是产生逆反心理，形成“罗密欧朱丽叶效应”——越制止越要在一起。

（7）病理型。在当代社会，营养条件优越，造成营养过剩，食物中含有性激素的作用或各种特殊生理疾病、家庭遗传等因素，容易造成青少年心理早熟，甚至形成性变态心理。这是诱发青少年早恋的主要客观因素。

由以上的类型可以看出，青春期孩子早恋的感情基础是很薄弱的，发生因素也很不正常，再加上他们自身心理不成熟，缺乏处理相关问题的知识和经验，很容易导致恋爱失败，伤人伤己。所以，青春期孩子在面对早恋时要理智对待，不可盲目和不负责任。可以试着从以下几方面去做：

1. 加强对青春期生理和心理知识的学习

了解青春期生理和心理知识是预防早恋的前提。通过学习，可以帮助青春期孩子揭开性的神秘面纱，形成健康的性心理，认识到两性结合要受法律、道德的约束。

2. 让理智为自己把关

青春期孩子们要学会用理智战胜情感，不盲目、不随意、不冲动地去处理感情问题，凡事多想想再做或者不做，凡事眼光要放长远。

3. 正确地和异性交往

青春期孩子和异性交往时，要遵循三个原则：宜泛不宜专、宜短不宜长、宜疏不宜密。也就是说，与异性朋友交往时不要只固定在一个异性身上，不要只注意一个异性朋友，不要与某个固定异性朋友交往时间过长，关系过密，要扩大范围交往，受益会更多。

4. 拓宽兴趣面，多参加集体活动

在有意义的集体活动中，你能获得同学们的帮助和友谊，享受到集体的温暖，可以陶冶自己的情操，树立远大的理想，从而充实自己的情感。

偷偷喜欢上了她

晨晨偷偷喜欢上了班里那个温柔的女生——晓晴。晓晴并不知情，晨晨就是在心里暗暗地喜欢着她。

晨晨因此变得很苦恼，看他难过的样子，我想劝劝他，但是没有合适的办法，只能求助妈妈了。

悄悄说给男孩听：

偷偷地喜欢一个人，这就是我们常说的“单恋”。这也是一种常见的感情表达方式，多发生在较为内向、自卑、胆小的人身上。

发生单恋还有一个原因，就是青春期的你们心理尚未完全成熟，不懂得如何去表达爱和真正爱一个人，缺乏爱的技巧，因

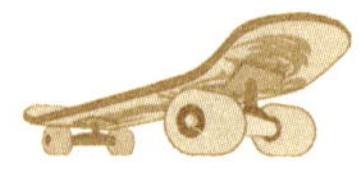

此，单恋被解释为：一方对另一方的以一厢情愿的倾慕与热爱为特点的畸形爱情。

既然是畸形的，那就是非正常的。不正常之处在于，单恋多是一场感情误会，是青春期“爱情错觉”的产物。“爱情错觉”是指因受对方言谈举止的迷惑，或因自身各种主观体验的影响而错误地主动涉足爱河，或因自以为某个异性对自己有意而产生的爱意绵绵的主观感受。

对那些性格内向、不爱交往的青少年来说，不善于排遣自己内心的单相思情结，就有可能带来较为严重的后果，比如变得孤僻、苦闷以至于精神萎靡，不思茶饭，就像歌里唱的那样——相思成灾”。解脱的唯一方法，就是用积极的想法将自己从相思的旋涡中拉出来。

1. 扩大人际交往圈

广交朋友，将注意力转向其他朋友，用更多的来自其他朋友的友情来填补感情上的暂时空缺。还可以向自己信赖的知心朋友或长辈倾诉自己的苦闷，求得他们的理解，尽快走出感情旋涡。

2. 自我解脱

把精力更多地放在学习上，以转移自己的注意力。另外，也要多参加一些集体活动，以分散自己的注意力，尽量避免单独与该女生接触。

怎么面对喜欢的女孩

我们班里刚刚转来一个女生叫柔柔，长长的头发非常飘逸，上课的时候总是很安静地听讲，因为是转来的，跟我们班那些女生都不熟，每天都是独来独往，看着她的样子，我突然有种很想接近的想法。

自从有了这个想法，我就开始关注她的一举一动，我发现她做事很细致，字写得很好，读课文的声音也很好听，慢慢地我就喜欢上她了。当这个念头闪过我脑海的时候，我被自己吓了一大跳。我该怎么面对喜欢的女孩呢？

悄悄说给男孩听：

青春期男孩对异性产生爱慕心理是很正常的，因此早恋发生

的概率很高。同样的，也因为对异性的爱慕，很多青春期男孩爱上某个人，而那个人却不知道，这种情况也很常见，这就是我们常说的青春期单恋或暗恋。

虽然说这种单恋或者暗恋很正常，但是因为青春期孩子普遍自控力较弱，脑子里抹不去“白雪公主”的身影，睡梦中也可能出现，所以总会因为这种事情影响学习和休息，导致身体发育也受影响。

很多青春期男孩都会发生类似的事情，但是最让他们苦恼的并不是自己喜欢的人不知道，或者自己喜欢的人不喜欢自己，而是不知道该如何理智、合理地处理这件事情，解决这件事情对身心和学习的困扰。下面，提出一些可以借鉴的方法：

1. 顺其自然而不是刻意压制

感情来了压制是没有用的，相反还可能反抗地更猛烈。最好的办法就是顺其自然，用平静的心态来面对，根据不同的情况去处理，自然就会轻松许多。

2. 要筑好理智的大坝

青春期男孩的主要任务是学习，这是对未来最重要的积累，而早恋会严重干扰学习，即会动摇未来的基础，影响未来的发展，很可能就会导致不一样的人生，后果是很严重的。

所以，青春期男孩要把自己的眼光放得长远一些，用自己的理智战胜情感。

3. 做好心理卫生

青春期男孩性心理早熟的原因有很多，其中很重要的一点是接触了太多的诱惑性的书刊、杂志、网页等。所以，青春期男孩要做好心理卫生，要选择健康的、能给身心带来积极因素的读物，以培养自己的意志力，树立远大的理想。

4. 及时转移注意力

青春期男孩对异性有好感时，千万不要把自己“封闭”起来，而是要通过做一些自己喜欢的，或者很少做的事情来充实自己的内心，从而分散注意力，减轻对对方的注意，收获更多的友谊。

5. 学会正确地和异性交往

青春期男孩的成长往往离不开交朋友，而异性朋友同样是必需的。青春期男孩对异性的依恋并不是一件丢人的事情，这与道德品质没有关系。关键是青春期男孩如何正确处理早恋和男女正常交往的关系。不要过分地敏感，不要以为女孩对自己好一点就是爱上了自己，也不要随便就向女孩表达爱意。

和女孩保持安全距离

随着年龄的增长，原来经常在一起玩的几个女生朋友，关系也渐渐地有了变化。原来大家在一起的时候，都会随便打打闹闹，也都嘻嘻哈哈玩得很开心。不知道从什么时候开始，这种情况好像有了变化。大家在一起不是那么放得开了，说话也不会什么都说了，涉及男生和女生的话题，大家都很小心地避开。有的时候，男生跟女生一起玩，做的动作有点夸张的时候，女生还会生气。

我们这是怎么了？随着我们年龄的增长，我们应该怎样和女生交往呢？

悄悄说给男孩听：

男孩到了青春期，由于性生理的发展和逐渐成熟，性意识开始觉醒。他们能意识到男女之间与同性之间，无论在交往方式上，还是在交往的内容上，都会有许多不同。因而，不可避免地对异性产生了一种朦胧的好奇心，渴望了解异性，不自觉地就产生了对异性的一种青涩的爱恋之情。这时的男孩开始有意识地修饰自己的仪表，注意自己的谈吐，希望能够引起异性的注意，同时也对异性产生好感。他们在异性面前或是热情、兴奋，用种种方式表现自己；或是慌乱、羞怯和不知所措。面对这一切，许多男孩都会表现出极大的不安。这种变化是青春期异性之间相互吸引的表现，是一种正常的心理变化。到了一定的年龄，每个人都会产生与异性接近的欲望，这是人的一种情感需求，不是病态，也并不可怕。

人际间的情感是极为丰富的，除了爱情之外，还有亲情、友情、恩情等。男女之间可以有不带爱情色彩的情感交流，它可以使人感受到温暖，达到心理上的平衡。在“异性效应”的作用下，这种情感的交流能达到有效的情感互慰。

研究表明，虽然人类智力的高低总体上没有性别差异，但男女之间的智力特质有所区别。以思维能力为例，男性比较擅长离奇、大胆的抽象逻辑思维，善于抽象和概括，更喜欢用综合的方

式对待现实；女性则擅长具体形象思维，比较感性，更适合处理以实践应用和形象思维为支撑的事情。通过和异性交往，双方均可从对方那里取长补短，以促进自己的智力水平和学习、工作效率的提高。

但是，青春期的你们毕竟处于一个较为特殊的人生阶段。一个人的价值观、世界观基本上都是在这一阶段成熟起来的。在此阶段，人的身心发育还不够完善，情感认识还不够理性，情绪掌控还不够稳定，很容易因为一时冲动而酿下苦果。那么，刚刚步入花季雨季的男孩应该怎么做呢?

（1）与异性交往，很重要的一点是互相尊重和理解。男女之间在气质、性格、身体、爱好等方面往往有着较大差异，只有彼此互相尊重和理解，异性友谊才能维持和发展。同时，不论男女，在交往过程中都不要过于随便。真正的异性朋友，自然可以堂堂正正地来往和接触。但毕竟有性别差异摆在那里，一举一动都要大方得体，不能过于随便，否则可能会伤害彼此和身边的其他人，有损友谊的牢固。

（2）在交往的过程中要注意交往场所的选择。异性朋友单独相处时，要注意选择合适的场所，尽量不要在偏僻、昏暗处长谈。如果在房间里单独谈话，不要紧闭门窗，以免引起不必要的误会。

当然，在与异性交往时，特别重要的一点是要分清友谊与爱情的界限。人与人之间的爱情和友谊都是以彼此之间的相互欣赏为基础的。但友谊和爱情两者之间有严格的区别：首先是内涵不同。友谊是同学或朋友间的一种平等、诚挚、亲密、互相依赖的关系。而爱情是一对男女之爱，并渴望对方成为自己终身伴侣的关系。其次是对象不同。友谊是广泛的交往，而爱情是在一对男女之间发生的。友谊可以通四海，朋友可以遍天下，人们可以和各种人发展友谊。而爱情是男女之间的隐私之情，只能是真挚专一、忠贞不贰的，如果第三者加入，便会产生嫉妒心理和排除异己的行为。再次是要求不同。友谊关系中，主要承担道德义务。而爱情关系在双方缔结婚姻关系后，不仅承担道德义务，还要承担法律责任。与异性朋友交往时一定要注意，不要模糊两者的界限，否则不但会失去友谊，还会失去爱情。因此，与异性交往，要学会正确利用奇妙的“异性效应”，学会彼此欣赏和相互学习，同时要尽量把握好交往的尺度，让自己的身边多一些朋友。

为什么我一见女孩就脸红

我平时和男同学在一起能打能闹，显得很外向开朗，可是一看到女同学，尤其是和女同学说话的时候，简直像是换了个人，变得规规矩矩，像看见老师一样，而且说话低声细语、语无伦次，更明显的是脸会涨得通红。一次放学回家，我和几个男同学结伴同行，大家边走边激烈地争论着一场足球赛，声音很大。这时，我们班的一个女同学从旁边走过，跟我打了声招呼，我一下子就愣在那儿了，闭嘴不言，脸红到耳朵根儿。其他的男同学看着这一幕，起初是觉得好笑，后来大家就开起了我们俩的玩笑："哟，吴昊，脸还红了，不会对人家有意思吧？"弄得我很是尴尬，那位女生也很不好意思。从那次以后，原本看见女孩子就脸红的我更没办法自如地面对女同学了。我这是怎么了？

悄悄说给男孩听：

首先需要确定的是，青春期男孩看见女孩就脸红既不是什么病，也不是什么心理问题，更不是什么道德问题，而是正常的一种生理和心理反应。这和早恋产生的原因是相同的，那就是性心理的成熟导致男孩对异性产生很大的好奇心，促使他们想要了解女孩，但又很害羞。因此，男孩跟女孩接触的时候，就会像条件反射一样地出现一些生理或心理反应。

这就是青春期男孩的微妙心理，和成年人有着很大的不同，喜欢对方就会故意疏远或者不理睬对方；对异性很好奇，表现出来的却是对对方的排斥；内心渴望和异性交往，却显得很害羞；表达对异性好感不是关心对方，而是故意气或者欺负对方……但恰恰是这种反应表露了他们真实的心迹。

那么，如果青春期男孩看见女孩就脸红，进而给自己带来心理压力和困扰，应该如何解决这个问题呢？

1. 多和异性交往

害怕某件事，最好的解决办法不是逃避，而是迎难而上。因为逃避以后虽然问题不在眼前了，是仍在心里。而迎难而上，真正解决了、战胜了自己的害羞感，问题才会真正解决。所以，害怕和异性交往，那就多和异性交往，增强自身的“免疫力”，害羞的情况就会越来越少。

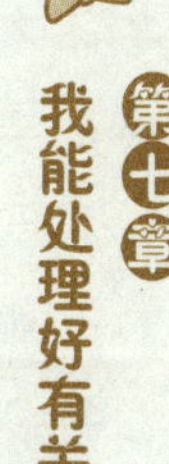

2. 把异性当同性交往

见女孩子就害羞，其实是一种交往障碍，那么可以试着把交往的女孩子当成同性，淡化性别意识，想象一下自己平时和男同学都是怎么交往的，试着在和女同学交往的时候“移植”一下。当然，毕竟男女有别，有些涉及隐私和人身伤害的事情要坚决避免，否则会让自己更紧张。

3. 多参加有异性参与的集体活动

青春期男孩会发现，在参加集体活动时，即使面对女孩也会更自如一些，这是因为他在意识里面对的是一群人而不是一个人，指向性很模糊，所以不用有针对性地去观察某个人的反应，这就很好地消除了陌生感和紧张感。多参加一些有异性参加的集体活动，尤其是郊游、野炊等活动，能够增进对异性的了解，增加与异性交往的经验，这样就可以避免在与异性交往时出现过强的生理反应和心理反应。

对异性“一视同仁”

自从上了初中，男女生的交往都开始变得小心翼翼，有时候一说话就脸红，而且语气也不自觉地柔和了许多。

“吴昊，你的作业本呢？没有交？”课代表是个女生，她过来问我。我看了她一眼，温柔地笑了一下：“不好意思啊……嗯……”

课代表大概是着急往老师那里送：“你到底带没带啊？什么时候能给我？”

我轻轻地说：“嗯……你等等，让我找一下。”说着，脸居然红了。

“快点，快点，还有五分钟就要交了。”课代表实在着急了。我慢慢地在书包里翻了半天，结果什么也没有找到：“我好像没有带……”

“哎呀，明天带过来吧。”

课代表说完之后，一溜烟地直奔老师办公室。

我觉得和女孩的交往越来越拘束了。

我该怎样和女孩相处呢？

悄悄说给男孩听：

青春期是一个人一生中最美好的时光，但也是比较危险的时光。因此，有人说："青春期是花团锦簇的沼泽地。"青春期的美好自然无需多言，青春期的危险在于这一时期身心的巨大变化，这种变化对一个人的影响是巨大的，甚至直接决定着以后的价值观、人生观和世界观。因此，我们所说的健康必须是"身体和心理的健康"。其中，男女生的交往是必须要面对的问题。

毫无经验的少男少女成功地开启一段友谊是困难的。因此，与女生交往，男孩要本着"亲密有间"的原则，学会把握一个"度"。

1. 对所有异性一视同仁

作为男生，在和女生交往时要一视同仁，也就是尽可能地和所有的女生保持同等的距离，而不是过分地与某一个女同学接触。与其接触过密很容易让女孩子产生误解，以为你在故意接近她。当然，由于学习或者其他原因，偶尔与某个女同学接触得多一些，也没有关系。

2. 坦然面对、大方公开

虽然男女有别，虽然生理上的变化使得男孩面对女孩不再像小时候那样无所顾忌，但是，大家都需要正常的交往。这种交往是光明正大的，不需要偷偷摸摸、扭扭捏捏。事情往往就是这样，你越是遮遮掩掩，越容易被人怀疑，你大大方方地把自己的行为展现在众人面前，让大家看到，既表明了你的光明磊落，也消除了怀疑和误会的祸根。因此，与女生交往必须公开，避免无意中造成的一些不必要的后果。

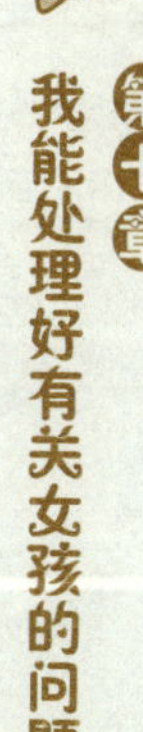

“单相思”是爱情吗

自从我心里有了柔柔以后，我就真的非常在意她的一举一动、一颦一笑，每次她需要帮忙的时候我都很着急，可是我又没办法出面帮助她。于是我总是希望那些糟心的事情都发生在我的身上。柔柔是个很温柔的女孩，我真的喜欢上了她。

我觉得这就是爱情，晨晨知道了我的心思，他说我这不是爱情，是“单相思”。难道“单相思”不是爱情吗？

悄悄说给男孩听：

在青春期男孩的感情中，恋爱是最浓墨重彩的部分，而且会深深地烙在心里，成为一辈子的记忆。这种恋爱分为好多种形式，早恋可能是真正能称之为恋爱的部分，剩下的还有单恋、暗恋等。

单恋就是典型的一厢情愿。看见漂亮的女孩，青春期的男孩子总是忍不住怦然心动，然后在性意识的萌动中，在好奇心的促使下，将女孩子的身影深深地藏进心里，为她的一颦一笑神魂颠倒。可对方或许连他是谁都不知道，连一句话都没有说过。所以，严格地来说，单恋不能算是恋爱，更不能算是爱情，充其量是性冲动罢了。

英国心理学家、单恋问题专家曼彻斯特教授指出：单恋比恋爱更常见，最容易发生在14～18岁的青少年群体中。

对青春期男孩来说，心智的不成熟和性意识的萌动是导致单恋的主要因素。而且，性格内向、敏感、富于幻想、自卑感强的男孩子更容易发生单恋。很多时候，是自己被对方的某一点打动，比如笑容、性格、长相、行为举止等，喜欢上了对方，自然希望得到对方的回应，在这种具有弥散作用的心理支配下，就会把对方的亲切和蔼、热情大方当作一种回应，并坚信不疑，从而陷入单恋的深渊，不能自拔。

这样的所谓恋爱是痛苦的，他们无法向对方深情地表达自己的爱意和关心，更无法得到来自对方的回应和爱恋，单方的付出在得不到回应的时候，就会导致感情压抑，充满失望、忧郁和苦闷的情绪，这对身心的发展是极为不利的。因此，青春期男孩必须克服单恋，应努力做到以下几点：

1. 分清友情和爱情

冷静地观察和分析对方对你的友好是友谊还是爱情，别自作多情。

2. 别跟着感觉走

心理学家认为：感觉往往是不确切的，产生在感觉基础上的爱情，只是一种感性感情，与真正的理性爱情不可混为一谈。

3. 勇敢地面对现实

拿出自己的勇气，克服羞怯心理和自我安慰心理的折磨，勇敢地面对现实，抛弃幻想，用理智主宰感情，将精力放在学习上，以取得优异的成绩来获取心理平衡。

暗恋好纠结

奇奇说我对柔柔不是单恋，是暗恋。晨晨觉得我这是单恋不是暗恋。他们俩为了是暗恋还是单恋争论了半天，无聊死了，那这到底是暗恋还是单恋呢？

悄悄说给男孩听：

暗恋和单恋很像，都是单方面地喜欢一个人，而对方并不喜欢自己。不同的是，暗恋是偷偷地进行的，对方肯定不知道有个人喜欢自己；单恋则可能是偷偷进行的，也可能是明面上的，也就是说，被恋着的对方有可能是知道的，也有可能是不知道的。

事实上，关于恋爱的事情在很多年龄段都会发生，但是在青春期男孩身上发生的尤其多，特别是单恋、暗恋这种事情。

最主要的原因还是他们有性的冲动，虽然对异性产生了好奇，但是他们的心智还不成熟，所以不懂得如何才能合理、有效地处理这种感情，所以很容易导致心理畸形和“变态”。

暗恋是很私人的一种自我内心体验，自己是唯一的主角，没有索求，只是默默地付出。但是，如果不懂得调整自己的心态，就可能因为付出得不到回报，或者越陷越深而给自己带来伤害。

暗恋多发生在情窦初开的青年人中。或许因为现实中的种种压力和阻力，不得不把感情埋藏在心里。比如，中学生面临学业及家长和学校的压力，偷偷暗恋的情况较多。另外，暗恋也与自身的爱情观有关。

暗恋有一些具体的表现，你可以据此判断自己是不是也陷入了暗恋的泥淖：

见了对方不敢正视，心跳是让人窒息般的频率；急切地想告诉对方自己的想法却缺乏勇气，因此导致抑郁；看到对方自己就会想要马上逃跑；目光经常留恋在对方身上（无察觉的情况下）；非常想见到对方；看到自己喜欢的人跟异性玩会吃醋；有时候，会变得极其别扭，看到她就不由自主地失控，不同人的有不同的表现，例如有些人会不停地和她争吵，以此让她注意到自己；等等。

暗恋是痛苦的，要么就试着鼓起勇气去表白，要么就痛快地解决掉它。

首先要弄明白暗恋不过是对青春期感情的自我内心体验，并不是真正的感情，折磨自己感情的并不是暗恋的对象，而是自己对爱情的憧憬。

其次是要把这种美好的感觉放在心里，让它酝酿，等到成熟的时候就会变得更加香醇。

再次是用学习来转移注意力。

最后要减少和暗恋对象的接触。

第八章

叛逆不是我的错

在爸爸妈妈眼里，孩子永远是小孩子，父母要多指导他们，可是在孩子眼里，随着自己越来越大，父母的教导有时会被看成是多余的。青春期的孩子，叛逆大多由此而来。那么，被扣上“叛逆”帽子的孩子们，该怎样和爸爸妈妈交往呢？

妈妈唠叨，爸爸吼叫

我在家里最烦的就是妈妈的唠叨和爸爸的吼叫了。

妈妈总是不停地唠叨，我回家晚了，妈妈就要问我干什么去了，跟谁一起玩儿，有时候妈妈还不相信我的话，非要打电话求证才行。

如果我说谎了，那妈妈就会联合爸爸一起指责我，我爸爸嗓门很大，也很严厉。每当我犯错误，他就会大声训斥，上了初中后，这种“遭遇”变得越来越多，我都不愿意回家了。

面对妈妈的唠叨和爸爸的吼叫，我真是烦死了。

悄悄说给男孩听：

青春期的男孩一般正处于中学阶段，这个阶段不仅是男孩们成长发育的黄金期，也是长智力长知识的黄金时期。所以，家长认为这是塑造男孩的成型期，因此，父母大多会对青春期男孩的各种行为加以干涉，从而保证孩子能够学业有成。可是，在这个时候，男孩的心理渐渐成熟起来，遇到什么事有了自己的主见，这是很好的现象，然而，当你和父母的观点发生冲突时，应如何对待妈妈的唠叨和爸爸的吼叫呢?

不可置疑，每个父母都望子成龙，为此，他们不惜一切代价。看到那些不正常的举动，他们会大惊小怪，妈妈会说东说西，爸爸可能会更严厉地警告你。如妈妈会不厌其烦地向你唠叨，跟你讲“一定要考上某某名校”“得为自己的未来做好打算”等，而爸爸则会对你的一些行为大呼小叫，跟你讲“不许玩游戏”“再逃课就打断你的腿”等。这让每个青春期的男孩都会觉得很讨厌，但是一味地和父母对着干也解决不了问题。

此时，正确而客观地对待父母的唠叨和怒吼就显得非常重要。男孩要学会站在父母的角度考虑，也许他们的方式让我们觉得不舒服，他们的关心可能给我们带来一些压力，但要看到他们的焦急和期盼，对于他们的一些过于激烈的表现，你可以试着和他们进行沟通，把自己的想法和计划告诉他们，一是为了让他们知道你不是漫无目的地活着，也不是如他们所说的从没考虑过自己的未来。二是在交流的时候，有一些因为年龄和经验你自己解决不了的问题，可以让父母帮着出出主意，从而使问题得到有效而合理的解决。三是通过交流，你可以减轻精神压力，使自己获得自由的生长环境，因为通过交流，可以降低彼此间的猜测，父母就会给你更大的自由空间。

所以，正处于青春期的男孩面对妈妈的唠叨和爸爸的怒吼时，沟通是最好的缓解双方压力的方法，你一定要去尝试。

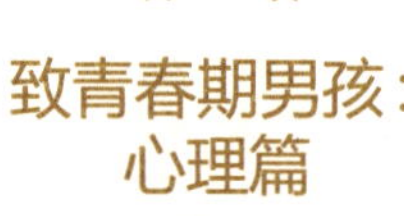

爸妈说话不算数，我能怎么办

我特别想去西藏，去看看那里的蓝天白云，还有神圣的山和水。我跟爸爸妈妈说好了，如果期末考试成绩好他们就带我去。

为了这个梦想，我努力学习，积极备考，成绩进步了一大截。当我满心欢喜地把成绩单交给爸爸妈妈的时候，爸爸妈妈仿佛忘了他们曾经的许诺。

当我提出这个曾经的许诺时，爸爸妈妈却说，西藏太远了，还有高原反应，等我再大一些再去。

听到爸爸妈妈的话，我好失望。爸爸妈妈说话不算数，我能怎么办？

悄悄说给男孩听：

青春期的男孩越来越有自己的想法，并且这些想法千奇百怪、无所不有，因为，他们想把自己的想法变成现实，就会冒出不同的要求。当孩子提出要求时，大人们会经常当面随口答应，而后来又不兑现。这是让很多男孩都苦恼的事情。

“一诺千金”是书本上教给男孩子们的，他们重视许诺，认为那是千金不换的事情。但是，大人又有着大人的解释。青春期的男孩子，身体发育虽渐趋成熟，但心理上还存在着稚嫩。在大人眼里，这些倔强的有想法的男孩子依然是个长不大的孩子，他们会认为他还没有足够的能力去实现那些特立独行的想法。但是面对孩子提出的要求，又不愿意让孩子伤心，就会出现随口答应的情况。而这些青春期男孩子的记忆力又非常好，加上自我认可的意识强烈，就会在心里一直记着大人们的许诺。其实，很多时候，大人们早已忘记了随口的许诺。因此，男孩子们就难免会觉得大人们说话不算数。究竟为什么会产生这样的误解呢？究其原因，还是青春期的男孩子想法奇特，并且特别希望得到认可，而大人又认为他们仍是个孩子，还没认识到男孩子的成长。要想消除这些误解，男孩子和大人们都要认清所处阶段的特殊性。男孩子要知道自己处于青春期，有很多的想法，并且有些想法需要大人们的帮助才能实现，这是值得肯定的，但是，也要多反思一下要求的可行性。父母则要认识到男孩子已经慢慢接近成人，要尊重他们的想法，对他们的各种要求要给予重视，能帮助实现的就帮助实现，如果觉得不切实可行，也要给男孩子解释清楚。

爸妈不相信我

致青春期男孩：心理篇

我和同学约好了周末一起去踢球，可是妈妈就是不相信我。不管我怎么跟妈妈说我们就是几个同学去踢踢球跑一跑，妈妈就是觉得我要去做一些不好的事情，比如一起打游戏，比如跟女生约会。不管我怎么说，都无法取得妈妈的信任。

妈妈怎么就这么不相信我呢？

悄悄说给男孩听：

随着青春期的到来，男孩子们越来越有主见，他们把自己的想法看成非常神圣的事情，并想通过自己的努力实现它。然而，妈妈们还没有适应男孩们由一个听话的小男孩突然间变成可以自立的男人。她们当然无法放手让男孩们去将自己的想法付诸实施。

这是让很多青春期的男孩子苦恼的事情，妈妈竟然不相信自己，这让他们觉得不可思议。这主要是因为随着年龄的增长，男孩子们进入青春期后，身体和心理上的变化一般不会告诉妈妈，而此时，妈妈对男孩子们的认识，很大程度上来自揣测。所以，难免会发生理解上的错位。

妈妈的不相信，一般是出于担心。例如，假期来了，很多有探险精神的男孩子，自己组群骑车去一个想去的地方。通常孩子在自己身边，妈妈还会觉得一不小心他们就会出现磕磕碰碰的状况。现在，孩子要骑车去旅行，妈妈就更不放心了，就会说出些不相信男孩子的话，而男孩子就会想证明妈妈的想法是错误的，迫切希望自己能够独立做一些事情。再三坚持下，妈妈若还不同意，男孩子就会认为得不到妈妈的信任。

这些都是非常常见的现象，随着年龄的增长，等男孩成为真正的男人了，有了较实际的想法，也有能力为自己的所作所为负责的时候，就能取得妈妈的信任了。这些暂时的不相信，一般是出于关心，出自不放心。当然，妈妈们会在看到你们的成长后学着相信你们，相信你们这些未来的“男人”们。其实，青春期的男孩子们只要学会换位思考，就会明白妈妈为什么不相信自己了。妈妈们的这种不相信是暂时的，不是不信任，而是对处于青春期男孩子的一种呵护。

青春期和“逆反”

最近爸爸妈妈要求我去做的事我总是不想去干，他们越催促，我越烦。

其实，我在家里一直是个非常听话的好孩子，爸爸妈妈让做什么，就做什么，从来不惹爸爸妈妈生气。可是自从上中学之后，情况发生了变化。有一天，我放学回到家里，妈妈已经把饭做好了，正在等我回来一块吃饭。看见我回来，妈妈就说：“昊昊，你把爷爷奶奶叫来，该吃饭了。”可是我却脱口而出：“我不去。”妈妈说了我几句，我竟然跟妈妈吵了起来。妈妈说我进入了叛逆期。我到底怎么了？

悄悄说给男孩听：

几乎每个成长中的孩子都会经历那么一段逆反时期，只是每个孩子的表现形式不同罢了。为什么会这样呢？

其实，青春期孩子的逆反来自对自我意识的强调。孩子两岁以前大人让他怎样他就会怎样，但是过了两岁，他就有了自己的想法，不再那么顺从地听父母的话了，这是第一个逆反期。

青春期是第二个逆反期，自我意识增强，青春期孩子力求维护自己的良好形象，追求独立与自尊。但是你们的一些想法是不符合客观实际的，因此会屡受挫折。在这种情况下，你们就会产生一种偏激的想法，认为你们行动的障碍来自于成人，包括自己的父母，于是产生了逆反心理。主要表现为：对父母和老师有明显的反控制和对抗心理，即你要求我这样，我偏不这样。

另外，你们也可能对教育者的建议和意见采取漠不关心和冷漠逆反的态度，装作没有听到。最常见的表现为孩子对家长的要求明确表示反对："不行，我不去！"或装作没听见，不吭声。

那么，这种逆反心理是什么原因导致的呢？除了上面提到的自我意识高涨外，还有其他的原因。

1. 青春期孩子中枢神经系统过度兴奋

科学研究表明：只有中枢神经系统的功能与身体外围相应部分的活动协调时，个体的身心才能处于和谐的状态。但是，青春期孩子的中枢神经系统处于过分活跃的状态，使他们对周围环境的各种刺激，包括别人对他们的态度等表现得过于敏感，反应也过于强烈。

2. 独立意识增强

青春期的孩子迫切地希望独立，他们会将父母的任何关照和支持看作是自己获得独立的障碍，将别人的指导和教诲看成是对自己发展的束缚。为此，他们对任何一种外在的力量都存有不同程度的排斥倾向，因而导致逆反心理的出现。

逆反心理会导致青春期孩子对人对事多疑，会形成偏执、冷漠、不合群等病态性格，使之信念动摇、理想泯灭、意志衰退、工作消极、学习被动、生活萎靡等。如果进一步向前发展，还可能向犯罪心理和病态心理转化。

看到这里，青春期的你也一定知道了逆反心理带来的一系列不良后果，因此要学会积极调整自己的心态，试着从父母的角度考虑问题，试着以平和的态度与父母沟通交流。慢慢地，等你逐渐长大，理解能力会日渐增强，逆反心理自然也就消失了。

此外，叛逆和任性是有区别的。叛逆，就是忤逆正常的规律，与现实相反，违背他人的本意。叛逆是一种“长大了”的感觉，是一种强烈的自我表现欲，在思维形式上属于“求异思维”，是标新立异，希望引起别人注意的表现。

任性，是指听凭秉性行事，恣意放纵，以求满足自己的欲望或达到某种不正当的目的，执拗使性，无所顾忌，必须按自己的愿望或想法行事。

有时，青春期男孩的表现是一种叛逆，但有时则是在叛逆“名义”下的彻底的任性，这就不可取了。叛逆可能带来思维上的突破，但任性则一定会犯错，而且是毫无意义地犯错。

日本企业家井户出生在静冈县山坳中的一个贫寒家庭，父亲是雇工，靠帮人采伐木材的微薄收入勉强维持着一家人的生计。母亲做临时雇工，收入非常低。他们希望井户能尽快找一份安稳的工作，挣工资贴补家用。但是，井户有自己的理想，他理解父母的心意，可他知道，要想实现理想，就一定要有知识，要坚持上学。母亲怪他不懂事，可他坚持己见。

初中毕业后，井户决定去滨松市工作。为此，他又与父母发生了激烈争执，父母不希望他离家太远，可井户认为那里更能实现他的理想，他的又一次叛逆使他毅然离开了家。而这一次的选择彻底改变了他的人生道路。

叛逆表面上看起来是和父母对着干，但这种对着干不是毫无道理的，如果能够坚持自己的理想倒无不可，如果只是为了对着干而对着干，那就不可取了。

青春期的你要牢记一点：不能因为你叛逆的确实有道理，就得理不饶人，一味地顶撞父母。你要以理服人，据理力争。

当父母被你说服时，他们会同意你的观点或行为。否则，你的“反叛”很可能会以失败告终。

叛逆是一种成熟的标志，你的人生不属于你的父母，只属于你自己。你要依靠自己的精神和行动去创造自己的独特人生，展示在家庭中的价值。这就需要做一个明智的“叛逆者”。

我的隐私谁来保护

晚上回家，我还没进门妈妈就告诉我："昊昊，今天有你一封信。"

我漫不经心地拿过快递回到了自己的房间。

"谁的啊，字写得很清秀嘛。"妈妈走到门口说。

"好像是小学时候的一个朋友。"

"朋友啊，是男朋友还是女朋友啊？"

"妈妈……"妈妈对信件那么好奇，搞半天是这个原因啊。

"昊昊，虽然你爸爸说现在你可以对自己的事情负责，但是你终究年纪还小，一不小心就会走弯路，妈妈可不希望看到你走弯路……"

"妈妈，这真的是小学一个同学的。你要不信我也没有办法。"

老妈生气了："我不信，信拿来给妈妈看看。"

“这是我的私人信件，你为什么要看？”

……

我和妈妈的战争就这样开始了。这明明是我的隐私，妈妈为什么非要窥探呢？我错了吗？我连自己的隐私都不能保护吗？

悄悄说给男孩听：

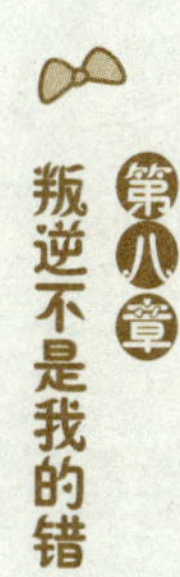

近些年来随着人们法律意识的提升，隐私的概念被越来越多的人所接受，并被大多数人所重视。但是很多孩子认为：在父母的眼里，他们是不能有隐私的。因为父母要时时知道他们的动态，知道他们跟什么样的人交往。

不可否认，父母的动机是好的，但是，从法律的角度讲，每个人都是平等的，都是独立的个体，有自己应有的权利，也有需要承担的义务。保护自己的隐私不受侵犯就是自己的权利和义务之一。

作为孩子，首先要理解父母的一片苦心，并不是他们故意干涉你的隐私，而是出于对你负责，为你好的动机。其次，父母采取的有些方式固然不对，对你的担心却没有错。因此，面对父母的不信任，先冷静下来，不要动怒，好好地跟他们解释，让他们明白事情的来龙去脉。

多和父母沟通，让他们知道你的近况，也许，他们就不会再过多地担心你的一举一动，从而也就不会对你的隐私过分好奇。

我和父母之间多些耐心就好了

最近几个小伙伴都在因为和父母沟通不畅而郁闷。大家凑在一起，不再是谈论好玩的事了，而是都在互相倾诉烦恼。大家说得最多的，就是和父母沟通起来总是说不了两句话就互相埋怨，互相指责，这样下去，大家都很不开心，交流的效果也就很差。

奇奇说，他还没拿定主意，不知道这次的演讲比赛报名不报名，他想跟父母商量一下。他刚开口，他妈就说他："奇奇，你又害怕了？这有什么好怯场的？"奇奇还没反应过来，爸爸那边就说："或者是不想准备演讲稿？演讲稿确实得好好写，这跟玩游戏比肯定很没有吸引力。"

奇奇听完爸爸妈妈的话，瞬间觉得自己好孤单。他说他都不知道怎样跟父母交流了。

奇奇这样的情况，我们也都遇到过好多。在沟通中，父母多一些耐心就好了。

悄悄说给男孩听：

父母应该对孩子有耐心，反过来，孩子也应该对父母多一些耐心。由于矛盾的不断出现和加深，常常使家长和孩子都处于痛苦的状态。其实，在青春期这个生理周期内，使亲子关系正常化的最好办法就是，彼此都应该互相理解。

比如今天的事情，爸爸接着告诉你，妈妈很努力地工作，得到了一个很宝贵的进修机会，可是，妈妈考虑到你学习紧张，要是离开半年去进修害怕耽误你的学习，所以妈妈只能让给了别人。爸爸说妈妈挺难过的，让你多体谅妈妈。你知道了事情的经过，也就不生妈妈的气了。

爸妈用言语和行为表达对孩子的爱，你也要表达对爸妈的爱。

爸爸妈妈让孩子宣泄不良情绪，作为孩子的你，也要让爸妈能够发泄他们的负面情绪。

家，是一个可以自由表达的地方。孩子能够自由表达，也要允许父母自由表达。

作为父母，应当学会倾听孩子的心声。当孩子提到某些不愉快的经历，需要“发泄”负面情绪时，一定要认真倾听，适时表示理解和接纳，不要急于做出自己认为正确或错误的判断，不要给孩子讲大道理。这一条同样适用于孩子。只有家人之间相互体谅，才能让家变得更加的温暖。

悄悄话能和谁说

“为什么和女生说话就脸红？”

“我收到一张情人卡，该怎么办？”

“我的梦里竟然出现了性？”

“为什么我不敢正视她的眼睛？”

“我喜欢和她说话，喜欢听她笑，喜欢盯着她看，我是不是喜欢上她了？”

摆脱了对成年人的“依赖期”，走进了青春期，我的生命之船仿佛驶向了一段没有航标的激流中，我遇到种种迷茫、困惑、烦恼……各种各样的难题都纠结在远远没有成熟的青涩心灵中。

青春期是成长中最重要的转折点，从一个懵懂无知的顽童成长为一个成熟理性的青年，自然会遇到各种困难，于是一系列的青春期“疑惑”就摆在了我的面前。我敏感而且执着地守护着我的“隐私”，童年时对父母的信任和理解渐渐变成了敌对和误解。我自然不肯与父母、老师交流，与同学交流也是很难的。这样一来，有了心事，有了烦恼，有了困惑，即使心中再纠结我也不会主动与别人交流。心中的悄悄话，我能和谁说呢？

悄悄说给男孩听：

每一颗处于青春期“焦虑”中的心灵都是渴望倾诉的，每一个孩子都渴望找到一个可以与之沟通交流的对象。

为什么不试试对父母敞开心扉，心平气和地与父母进行沟通呢？要知道，沟通是人与人之间信息交流、解决难题的重要方式，家庭的沟通尤为重要。将心比心，是人与人之间交流沟通的“捷径”，你与父母的交流也是这样。试着将心里的悄悄话说出来，试着去理解父母，试着去体谅父母，试着去了解父母的想法，试着和父母交朋友，试着把父母看成是最亲密、最值得信任、最有能力帮助自己解决困惑的好朋友吧。如果和爸爸妈妈发生了争执，先要心平气和地回想自己在这件事情上有没有不对的地方。如果爸爸妈妈有不对的地方，不要烦躁，发脾气更不是好办法，烦躁不能解决问题。把自己的想法说出来，一般明智的父母都会接受孩子的意见。而且爸爸妈妈也希望看到一个成熟的、理性的、具备了解决困难能力的你。对于那些“开不了口”的、“不方便说”的悄悄话，可以主动寻找交流的机会，换一种巧妙的交流方式。例如，在吃饭的时间找一些话题和爸妈聊聊，回家后将学校里的新鲜事说说，与爸妈亲近些的身体语言也是很好的沟通方式，信笺、电话、短信，甚至QQ、微信都是很好的交流工具。

当找不到出路的时候，不妨和爸爸妈妈说说悄悄话，慢慢地，你心中的疑惑少了，大家的关系也会变得好起来。

爸爸妈妈，我需要被理解

我都上初中了，父母还把我当成小孩子看待，无论我做什么事，父母总是不放心，一遍一遍地叮嘱，没完没了！

我经常和妈妈闹矛盾，听到妈妈的骂声就心烦，有时真想一走了之再也不回来了，可是细想想妈妈对自己也挺好的，每当看到妈妈疲倦的面容，越来越多的皱纹，我又觉得于心不忍。我每天就生活在这种内心矛盾之中，真不知道该怎么办？

悄悄说给男孩听：

青春期的孩子之所以很叛逆，就是因为他们觉得和父母没办法沟通，彼此都不认同对方的想法，没办法达成统一，而彼此又很难理解对方的想法，所以，最后选择用叛逆的方式来抗争，以试图摆脱父母对自己的管控。

对这种两代人之间的冲突现象，心理学上称为“代沟冲突”。

具体来说代沟就是指两代人在价值观念、心理观念、生活习惯等方面的差异。这一差异以青春期表现得最为突出。心理学认为，一个人10岁之前是对父母的崇拜期，10～20岁是对父母的轻视期，20～30岁又变为对父母的理解期，30～40岁则是对父母的深爱期。其中10～20岁的青少年最易与父母产生代沟。

产生代沟的原因是随着青春期的来临，身心得到了迅猛的发展，忽然之间觉得自己长大了，希望自己来掌控自己的世界，不再希望别人的干涉，即使是父母也不行。因此，对父母的意见不再是简单地服从、照办，而是要分辨是与非。对父母的干涉更是激烈反抗，因为他们觉得自己的自由和权利受到了干涉和挑衅，为了维护自己的权利，必然和父母对着干，而父母的惯性思维让他们对孩子的反抗难以接受，他们还没意识到孩子已经长大了，要自己做主了。

此外，你们正在茁壮成长，父辈则在一天天变老，心态上存在着巨大的差异。有一则谚语说：“青年人相信许多假的东西，而老年人怀疑许多真的东西。”年轻人接受新事物、新观念快，敢于尝试，敢于冒险，喜欢按自己的意愿行事，但他们自控力不够，稳定性差，往往容易冲动急躁。而父辈们有着自己的固定思维模式，不容易接受新观念、新事物，只会做有把握的事情，不愿冒险，他们做事讲究谨慎、沉稳。由此可见，两者的冲突是必然的，矛盾也是在所难免的，但是又不能真的走向决裂，所以，理解是保证亲子关系正常化的唯一选择。

第九章

网络好还是坏，关键在于你自己

网络是什么？网络是一个五花八门的世界，在那里，有用的、没用的，好玩的、不好玩的，健康的、不健康的……都能够找到。没有它办不到的，只有你想不到的。在这样一个大染缸里，要想从里边找到适合自己的颜料，就必须能抵挡其他干扰。那么，对毫无经验的青少年来说，该怎样做呢？

满脑子都是游戏怎么办

自从跟一个好朋友学会了玩网络游戏，我就逐渐迷上了这种有着“神奇魔力”的娱乐活动。很快我就成了一名网络游戏高手，什么“魔兽世界”“梦幻西游”“穿越火线”等各种网络游戏，样样玩得得心应手。

寒假来了，我心想：“终于有时间玩个够了。”每天，爸爸妈妈去上班后，我就马上打开电脑，忘我地进入游戏世界，一整天都在网上打杀、通关，不吃不喝，几乎连房间的门都不出。那些天，我在网上可谓“战功赫赫”，赢了好几千块钱的装备，游戏的级别也在不断升高。开学日期一天天临近，我才想起来寒假作业还没有做。可这时我已经无心于学习，整天只是恋着网络游戏。我一次次告诫自己玩过这一次就不玩了，可终究还是管不住自己，一次次又找借口原谅了自己迷恋网络游戏的做法。我很苦恼，不知道应该怎么办才好。

悄悄说给男孩听：

无论在哪个方面，人都是有好胜心的。网络游戏之所以吸引人就是因为它存在胜负关系，而谁都不愿意当失败的那一个。于是，不断地追求胜利，不断地在上面花费时间，最终不知不觉沉迷其中。

青春期男孩的自控力比较差，强烈的好奇心，超强的求胜欲，渴望拥有证明自己的机会，这些都是沉迷网络游戏的原因。

沉迷其中，百害而无一利，比如，会逃避现实生活，放弃学业，生活不规律，拒绝与父母交流，拒绝参加现实中各种有意义的活动等，这必然会给他们的学业、身心健康成长带来很多不利的影响。

因此，无论出于什么原因，有节制地玩游戏放松是可以的，但是绝不能沉迷其中。如果你已经沉迷其中，就要尽快脱身。有几个方法值得一试：

1. 逐渐减少上网时间

沉迷于一个东西，恨不得将所有的时间和精力都花在上面，这显然是不行的。所以，釜底抽薪的办法最管用，那就是逐渐减少上网时间。可以从减少几分钟开始，逐渐增加，最后给自己规定一个每天可以控制的时间段，比如，每天一小时。

切记不可操之过急，否则会适得其反。

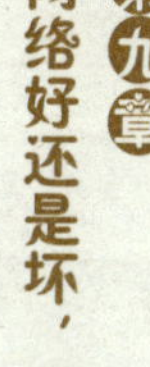

2. 学会约束自己的行为

青春期男孩之所以沉迷网络游戏，是因为自己缺乏自控能力，放纵自己的结果。所以，青春期男孩要学会控制自己的行为，可以给自己限定一个时间，在电脑旁放一个小闹钟，到了时间，无论如何，都要离开网络游戏。或者在自己特别想玩游戏的时候，去做一些其他的事情以转移注意力，不断增强自我约束的能力。

3. 在现实生活中寻找乐趣和成就感

很多青春期男孩受了批评、考得不好，都会去网络世界中寻找安慰和解脱，久而久之就会产生依赖。其实，现实中人和人之间的交往更有乐趣，也更真实。所以，别逃避，勇敢地在身边寻找生活的乐趣，努力培养现实中的各种兴趣，让生活回归真实世界。

网络黄毒，害人太深

最近，关于青少年因为网络黄毒的影响而违法的事情越来越多，好多事情在我看起来都觉得不可思议。但是，发生在身边的一件事情让我毛骨悚然。

我们市一位刚满16岁的中学生，因为深受黄色网站的毒害，强奸了两名幼女而被判刑。这么惨痛的事，是因为这个中学生在一次上网时偶然打开了一个黄色网站，网站中淫秽的内容及图片让性欲萌动的他热血沸腾。此后，他便经常在网吧浏览一些黄色网站，慢慢地，他看黄色网站逐渐上了瘾。这使他一天到晚都幻想着有关性的镜头和片段，无心学习，甚至经常逃学并偷父母的钱去上网，逐渐荒废了学业。而且，越来越强烈的性冲动让他想亲自体验。终于，在强烈欲望的促使下，他将一名7岁的幼女用糖果骗到自己家中，对她实施了强奸。后来，他又用同样的手段，将另一名幼女骗到家中实施了强奸。

看到这样的事情，我也很难过，觉得这个男生简直禽兽不如。但是，这事给了我们什么教训呢？

悄悄说给男孩听：

当人们在享受互联网带来的便捷和丰富多彩的时候，也不得不承受互联网带来的各种困扰和由此滋生的社会问题。

对如今的青春期孩子来说，早已不是“两耳不闻窗外事，一心只读圣贤书”的年代了，各种电子产品、网络产品的出现，让他们大开眼界。一些不法分子利用这种机会大肆敛财，留给青少年的则是一个充斥着低俗、色情、淫秽的网络世界和网络环境。

而对青春期男孩子来说，他们的性意识萌发，对异性和性充满了好奇和探索的欲望，再加上本身自控力的缺乏和辨别力的低下，导致他们很容易在色情网站的“撩拨”下产生试一试的冲动，进而犯下大错。因此，从这个角度看，这些色情网站无疑起到了推波助澜的作用，或者在某种程度上，它们才是真正的罪魁祸首。

此外，学校和家庭性教育的缺乏，使得青春期的孩子只能通过隐蔽或半公开的讨论以及各种渠道获取关于性的知识。但是由于对性知识了解得不够正确、系统，又容易造成对“性”认识的偏差，往往会出现一方面渴求对性的了解，另一方面又不能正确对待自己的性冲动，觉得“性”是肮脏、下流的这两种极端。

为了不让网络色情毒害自己的青春，应做到以下几点：

1. 首先正确了解青春期的性冲动

性冲动本身并不是什么可怕、可耻的事情，它的发生在很大程度上是因为身体里性激素的加速分泌。性不是什么肮脏和下流的东西。

2. 转移注意力

积极参加体育、文娱等各类集体活动，多观看健康的影视节目以淡化对性的注意力，转移大脑中枢神经的兴奋中心。

3. 坚决抵制诱惑

色情网站充斥着大量的色情图片、文字、影视，有些极其变态而又极具挑逗性，青少年很容易沉迷其中，并发生不当行为。因此，青少年要自觉抵制，避免看或听有性刺激的书刊、音像，净化身边的刺激源。

4. 强化自制力

人不可能毫无欲念，但人的冲动是受道德约束的，人的意志完全可以战胜人体本能的欲望。加强自制力锻炼就能克己制欲。这就要从品德上下功夫，其次要注意良好的生活习惯，慢慢地规范自己的生活，增强自身的控制力。

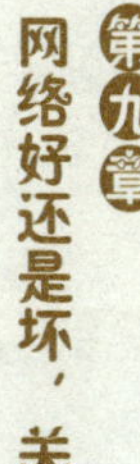

网上的朋友靠不住

我原来并不喜欢聊天，可自从我们班的QQ群开了以后，大家都开始在网上聊天。偶然一个机会，有个叫“轻风”的网友加我。我看这名字有云淡风轻的感觉，就跟对方聊了起来。

“轻风”语言幽默，性格豪爽，我们两人越聊越投机。我就告诉了“轻风”我的学校地址及家庭电话。我还和“轻风”约好见面，没有想到，“轻风”竟然是一个看起来比妈妈还老的女人，吓得我没敢见面就逃走了。回家以后我就赶紧把她从好友里删了。没有想到，网上联系不到我，她开始天天往家里打电话，还要去学校找我。

我被她烦得不行，现在家里的电话铃一响我就特别紧张。

这可怎么办呢？

悄悄说给男孩听：

青少年正处在青春期，这个时期的他们渴望友谊和交流，网上聊天给了他们倾诉的空间和对象。但是网上也有陷阱，对于天真单纯、涉世不深的青少年，特别是一些爱幻想、充满好奇心的男孩来说，稍不留神，就会掉进网友设好的陷阱。

结交网友不慎，会对自己的身心健康造成伤害，严重者还会招致杀身之祸。虽然大部分网友可以信赖，但毕竟网友是不可预知的陌生人，甚至可能暗藏杀机。青春期男孩缺乏社会经验，对危险估计不足，遇到意外往往会成为受害者。所以，网上交友前当三思：

（1）安全问题。盲目地去见不认识的网友，其实就等于对自己的生命不负责任，也是对亲人的不负责任。

（2）后果问题。真发生了侵害问题，自己身心受到伤害，家人、老师、同学也会因你受到伤害，甚至会造成幸福家庭的毁灭。

（3）影响问题。面见网友，会影响正常的学习，干扰正常的生活，带来严重的负面效果，还会给生活留下隐患。

青春期男孩在网络上交友时，需注意以下几点：

（1）时刻保持警惕，不要轻信他人。

（2）不要告诉网上的人关于你自己和家里的事情。网上遇见的人都是陌生人，所以千万不可以随便把家里的地址、电话、你的学校和班级、家庭经济状况等个人信息告诉在网上结识的人。

（3） 密码只属于你一个人，所以不要把自己在网上用的名称、密码告诉网友。

（4）不轻易相信网上的人讲的话。任何人都可以在网上告诉你一个假名字，或改变性别等。你在网上读到的信息都可能不是真的。对于那些不停索取私人通信方式，或主动给你QQ、电话的人，一定要谨慎对待。

（5）不邀请网上结识的人来自己家，尤其是当你单独在家时。

（6）保持平常心，提醒自己正在做什么。想进一步与对方加深关系之前，回顾一下自己的交友过程，并反思自己想要得到什么。不要强迫自己做使自己或他人不愉快的事情，不要过早过快地投入感情，尤其在约会前，更应慎重考虑。

（7） 选择公共场所约会，并告知他人，或让亲友陪同。如果对对方有足够信任，且到了可以约会的程度，在约会前要确定一个首要原则：单独去一个陌生、偏僻的场所和陌生人约会是非常危险的。

（8）约会时要察言观色。不可能通过网络了解一个人的真实背景或真正性格，所以约会时要随时观察对方，防止发生意外的伤害。在任何情况下都要确信自己的判断，应确认他人的行为是否会伤害到自己。

网恋是“披着羊皮的狼”

妈妈知道了我交网友的事情后很惊讶，后来还是妈妈找那个人谈，说她再骚扰我就报警了，那个人还跟妈妈吵了一架，最后才不骚扰我的。

妈妈处理了这个大麻烦，并与我约法三章。妈妈说，网上交朋友靠不住，网恋就更靠不住了。妈妈还告诉我她们单位有个阿姨家就遇到过这种麻烦，她家孩子跟一个女网友网恋，最后搞得双方家庭都鸡飞狗跳的。为此，妈妈让我一定要远离网恋。网恋真有那么可怕吗?

悄悄说给男孩听：

现在是信息时代，青少年接触网络的机会很多。但是网络给我们的是一片虚拟的天地，在这并不纯洁的天地里，鱼龙混杂，很多行为都得不到约束。而通常青少年辨别是非的能力较差，一旦坠入网恋的泥潭，往往无法自拔。

具体来讲，网恋对青少年造成的负面影响有：

（1）花费大量的时间、精力还有金钱。把自己的生命浪费在虚拟的网络中，网恋的青少年，时时会想起网络中的“她”，不能安心学习，导致学业退步甚至荒废。青少年时期是学习知识、开阔眼界、拓展思维的黄金时期，把最美好的时光交给虚拟的网络，逝去的时间是永远无法弥补的损失。

（2）网恋的青少年常常会有一些心理上的障碍，给现实生活带来不便。比如网恋的青少年常把自己的心里话、喜悦或者烦恼都向不认识的人倾诉，觉得虚拟的网络环境令他们轻松。在网上他们妙语连珠、机智活泼，可是一回到现实中，往往沉默寡言，不愿意与他人进行正常的沟通交流，对现实中的身边人不信任，严重妨碍人际交往。

（3）妨碍了青少年的健康兴趣和爱好的发展，知识面越来越狭窄。因为网恋而沉迷于网络，上网似乎成了生活中唯一感兴趣的活动。

（4）道德标准扭曲。沉迷于网恋的青少年，整天接受大量不健康的网络信息，在游戏里陌生人就可以结婚，很多男孩子在网络里有很多的“老婆”，可以和网上很多不知真实身份的人打情骂俏。时间久了，网络里的是非标准会潜移默化地影响现实中的行为。当回到现实中时有可能已习惯了虚幻中的欺骗，从而对现实中的人和事也不负责任。

（5）影响身体健康。青少年正处在长身体的时候，长时间对着电脑，很容易使脊柱变形，视力下降，电脑辐射还会损伤皮肤。

（6）容易走向犯罪。网络毕竟是虚幻的，彼此都有隐瞒、欺骗。网上很容易结交一些品德低下的人，网恋“见光死”后，会惹上无尽的麻烦。

大部分的网恋因为没有感情基础，彼此不信任，多数以悲剧收场，而网恋一旦结束，会给青少年带来失恋的长期痛苦。因此，青少年应充分认识到网恋带给我们的危害，培养健康的兴趣爱好。

免费软件，着实不“便宜”

自从我会使用电脑，我就对电脑里的各种软件很是着迷。有的软件能帮我很好地处理图片，有的软件能播放很好听的音乐、看电影，还有的软件能帮我玩一些益智游戏……各种好玩的软件对我很有吸引力，我总是想去寻找一些好玩的软件。可是，爸爸总是提醒我，不要去下载那些不明来源的软件，那样很危险。真有那么危险吗？

悄悄说给男孩听：

我们都知道网络上有很多免费软件，内容五花八门，涉及的范围广泛。但其中鱼目混珠，有的“黑客网站”专门搞恶作剧，以毁坏对方的计算机为乐；有的“骗子网站”以骗取钱财为目的；有的“钓鱼网站”先给你一点甜头，待你上钩后，再狠“宰”你一刀。所以一定要注意，时刻要警惕。需要下载软件时，不要登录不熟悉的网站，更不能轻易在可疑网站上下载软件。一定要到正规、信誉度高的大网站，或者专业网站上下载，以杜绝危险的发生。

为防止“中招”，我们可以采取以下措施：

（1）先制作一张应急盘。制作一张系统应急引导盘是非常必要的，最好还要复制一个反病毒软件和一些你认为比较实用的工具软件到这个盘上，然后关上写保护。

（2）不要与人共享文件夹，这是很危险的传播途径。

（3）不要完全相信朋友的电子邮件，如果收到奇怪的信件，或者信件中有许多乱码，这可能是病毒。到转信站申请一个转信信箱，在你使用的电子邮件程序中找到限制邮件大小和垃圾邮件的项目并设置，如果发现有很大的信件在服务器上，用一些可以登录服务的程序直接删除。另外，最好不告诉别人付费信箱的地址。

拒绝网络骗局

我正在玩QQ游戏，突然电脑屏幕下方出现了一个闪亮的小窗口，发现是“腾讯公司系统消息”，内容是QQ号码已中奖，奖品是一台照相机和5 000元现金，要求我点击这个小窗口去领奖。

我很兴奋，心想：天上的馅饼掉到我头上了，好事啊！我急忙打开了那个网站，网站要求中奖者先要填写一份详细的个人资料才可以领奖。想都没想我就开始填起来，刚填上自己的姓名和年龄，发现还要填写身份证号，再往下看，对方还要求先给他们汇去300元税费和手续费才能得到奖金和奖品。可是我只有14岁，还没有身份证，而且我也没有这么多钱，该怎么办呢？

“能不能填写爸爸的有关资料，让他出钱去领奖呢？”我跑到客厅里把爸爸叫来：“爸爸，你快来看，我的QQ号中奖了，奖品是一台照相机和5 000元现金呢！你看能不能填写你的资料去领奖啊？”爸爸过来看了看那个网页，马上说：“骗人的，别信这一套。”“真的吗？怎么会是这样呢？”

悄悄说给男孩听：

这恐怕是很多人都曾经遇到过的网络骗局。说起来手段其实并不高明，却能屡屡得手，究其原因，还是利用了人们麻痹大意和贪财的想法，再加上一些基本的互联网技术，给一些人造成了损失和伤害。

相对于成年人的生活阅历和辨别能力，青春期男孩一方面年龄小，经历的事情少，对事情的定位和判断能力较为缺乏；另一方面他们容易冲动和轻信，经不起诱惑，很容易陷入网络骗局，从而使自己和家人遭到经济或其他损失。

因此，有必要提醒青春期男孩远离网络骗局，以免上当受骗。

首先，要有基本的常识和警惕心理。不要轻信于人，很多年不见的，或者平常不怎么联系的同学突然找你借钱，或者请求帮助，要提高警惕。当然，必要的防范意识还是要有的，可以多问几个问题，从对方的回答中看看有没有破绽。

其次，不要轻易将重要信息透露给别人，尤其是网上认识的熟悉的陌生人。比如电话号码、银行账号、父母的姓名和单位名称、家里的财产、住址等。

再次，不要有占便宜的想法。任何便宜都不是好占的，而且天上不会掉馅饼，当别人把大便宜推到你面前让你占的时候，或者你只需要付出很少就能得到很多的时候，那一定是陷阱。

因为，人是自私的，有便宜先会自己占；收获是需要付出的，这种付出要比收获大得多；即使是运气，也需要自己去争取，而不是别人白白地送到你眼前。

第四，不轻易见网友。如果在网上交流一段时间的网友要求见面，你要先清楚地知道对方的基本信息，如姓名、公司名称和电话等，通过查询确认无误后再见面。另外，要尽量约定在安全的时间和地点，比如在白天、自己熟悉的地方见面，见面时最好有成人或熟悉的同学陪伴。

最后，上网时不要和陌生人过多交谈，不要乱点陌生网站，不要将自己的钱借给网络上的陌生人。否则，有人可能会通过这些网址将木马植入你的电脑中，以盗取你的相关账号和密码。

多培养兴趣，少沉迷网络

“妈妈，我让网络给害了！”2004年3月3日《钱江晚报》偌大的一个标题触目惊心。报道讲述了浙江省某市一位16岁少年因沉迷上网而三次自杀，妈妈悲恸欲绝又无可奈何……福建省某县一个名叫王力的高一学生，因为迷恋上网，造成学习成绩下降，继而旷课、逃学，最终精神分裂，被送进精神病医院治疗。经过二十多天的治疗，王力的病情才有所好转。负责治疗王力的医生指出，王力患的是精神分裂症。主要原因是上网成瘾，导致学习成绩下降，并形成巨大的精神压力。越来越多的青少年由于上网成瘾而出现一系列的问题，引起了社会、家长的广泛关注。

悄悄说给男孩听：

不少青少年沉迷网络，喜欢在网吧消磨时间，家长、老师进行教育也不见效。往往是批评教育过后没几天，调皮的男孩又偷偷跑去了网吧。其实，很多时候青春期的男孩子喜欢去网吧是因为生活比较空虚，找不到更有趣的事情去做。只要那些沉迷于网吧的青少年从网吧封闭、狭小的空间里走出来就会发现，多培养些兴趣和爱好能使自己拥有更健康积极的生活。

譬如，一些男孩子喜欢音乐。喜欢音乐的男孩无论练习的是钢琴、古筝、二胡、笛子、葫芦丝、大小提琴、小号中的哪一种乐器，都是在音符的世界里流连，学会每一首曲子后的成就感，获得别人赞赏时的满足感，会让训练时所花费的时间、流下的汗水显示出价值。喜欢美术的男孩，则可以在水彩画、水粉画、油画、素描等方面各显才华，享受线条和色彩带给自己的乐趣。而在各种运动类比赛期间，喜欢运动的孩子则成了主角。

当然，不喜欢运动的男孩，不妨培养其他方面的兴趣爱好。做做手工，学学陶艺，下下棋，甚至做做航模、机器人等，可以让心思更机敏，双手更灵巧……

大自然之所以美丽，是因为有了多种多样的生物；我们的身体之所以健康，是因为汲取了各种各样的营养。多样才美丽，多样才健康，多样才精彩。所以，男孩们，在学习之余、在网吧之外，应培养自己多方面的兴趣和爱好。你会走进许许多多不同的世界，体验到现实生活中更真切、更精彩的乐趣！

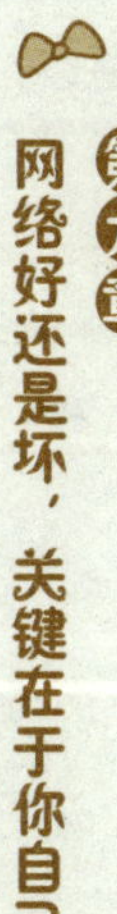